Paul Klimsa

Digitale Medienprodukte
Grundlagen der Medienproduktforschung

Forschung und Praxis der Medienproduktion

Bibliografische Information der Deutschen Bibliothek
Die Deutsche Bibliothek verzeichnet diese Publikation in der Deutschen Nationalbibliografie; detaillierte bibliografische Daten sind im Internet abrufbar über
„http://dnb.ddb.de"

Das Werk einschließlich aller seiner Teile ist urheberrechtlich geschützt. Jede Verwendung außerhalb der engen Grenzen des Urheberrechtgesetzes ist ohne Zustimmung des Verlages unzulässig und strafbar. Das gilt insbesondere für Vervielfältigungen, Übersetzungen, Mikroverfilmungen und die Einspeicherung und Verarbeitung in elektronischen Systemen.

Papier aus verantwortungsvollen Quellen (FSC)

© 2017 Paul Klimsa
Herstellung und Verlag: BoD – Books on Demand, Norderstedt

ISBN: 978-3-7431-6198-6

Vorwort

Digitale Medienprodukte bestimmen unseren Alltag, unsere Kommunikation mit anderen, unser Verhalten und durch die Auswahl von Informationen auch unsere Vorstellung von der Welt. Eine Gesundheits-App lässt uns Treppen steigen und Schritte zählen, eine kleine Box im Wohnzimmer beantwortet unsere Fragen und steuert unsere Hausgeräte. Wir treffen uns mit Freunden im Internet und bekommen Konsumprodukte angeboten, die nach unseren algorithmisch bestimmten Vorlieben ausgewählt werden.

Wir gehen mit den Innovationen zwar aktiv um, nicht immer sind jedoch die genauen Zusammenhänge und Hintergründe für uns transparent. Wie werden die digitalen Medienprodukte erstellt? Wie sehen die Inhalte aus, die uns präsentiert werden? Warum sollte uns die Organisation der Medienproduktion interessieren? Die vorliegende Publikation zeigt einen ersten wissenschaftlichen Zugang zu diesen Fragen. Sie erlaubt die Strukturierung und Systematisierung der digitalen Medienprodukte und gestattet ebenfalls die Innovationskraft dieser Produkte zu bewerten.

Das Buch richtet sich vor allem an Dozentinnen und Dozenten, die im Bereich der Medien unterrichten, sie ist aber auch für Studentinnen und Studenten der zahlreichen Medienstudiengänge bestimmt, die mehr über die Hintergründe und Zusammenhänge der digitalen Medienprodukte erfahren wollen. Medienproduktion und Medienproduktforschung sind relativ junge interdisziplinäre Forschungsrichtungen, die uns neue Perspektiven auf digitale Medienprodukte und ihre Produktionsprozesse erlauben. Ich wünsche allen Leserinnen und Lesern viel Erfolg mit dieser Publikation.

Paul Klimsa   Ilmenau, April 2017

Inhaltsverzeichnis

VORWORT	3
INHALTSVERZEICHNIS	5
EINFÜHRUNG	9
1 GRUNDLAGEN DER MEDIENPRODUKTION	**13**
1.1 MEDIENPRODUKTION ALS WISSENSCHAFT?	13
1.1.1 WISSENSCHAFTLICHE PERSPEKTIVE AUF MEDIENPRODUKTION UND MEDIENPRODUKTE	15
1.1.2 FRAGEN UND AUFGABEN	22
1.2 MENSCH UND TECHNIK	22
1.2.1 SYSTEMTHEORIE DER TECHNIK	25
1.2.2 SOZIOTECHNISCHE SYSTEME	30
1.2.3 FRAGEN UND AUFGABEN	36
1.3 DAS MODELL DER MEDIENPRODUKTION	36
1.3.1 MEDIENPRODUKTIONSPROZESSE	37
1.3.2 ELEMENTE DER MEDIENPRODUKTION	49
1.3.3 FRAGEN UND AUFGABEN	64
1.4 ZUSAMMENFASSUNG	65
2 INNOVATION DIGITALER MEDIENPRODUKTE	**67**
2.1 DIFFUSION DER INNOVATION NACH ROGERS	69
2.1.1 FRAGEN UND AUFGABEN	72
2.1.2 DIE ENTWICKLUNGSPHASEN VON MEDIEN UND MEDIENINNOVATIONEN	72
2.1.3 FRAGEN UND AUFGABEN	79
2.2 MEDIENINNOVATIONEN UND MEDIENPRODUKTE DER DRITTEN INDUSTRIELLEN REVOLUTION	79
2.2.1 FRAGEN UND AUFGABEN	83
2.3 COMPUTER ALS MEDIENINNOVATION: GESCHICHTE UND SYSTEMATIK	84

2.3.1	FRAGEN UND AUFGABEN	93
2.4	CHARAKTERISTIK DER INNOVATIONEN VON DIGITALEN MEDIENPRODUKTEN	93
2.4.1	FRAGEN UND AUFGABEN	97
2.5	ZUSAMMENFASSUNG	98
3	**SYSTEMATIK DER DIGITALEN MEDIENPRODUKTE**	**101**
3.1	MEDIENPRODUKTE ALS CONTENT	102
3.1.1	FRAGEN UND AUFGABEN	107
3.2	MEDIENPRODUKTE ALS HARDWARE	108
3.2.1	FRAGEN UND AUFGABEN	111
3.3	MEDIENPRODUKTE ALS SOFTWARE	112
3.3.1	FRAGEN UND AUFGABEN	121
3.4	ZUSAMMENFASSUNG	122
4	**MEDIENPRODUKTFORSCHUNG: METHODEN**	**125**
4.1	METHODEN DER TECHNIKWISSENSCHAFTEN	126
4.2	METHODEN IN SOZIALWISSENSCHAFTEN	137
4.3	FRAGEN UND AUFGABEN	154
4.4	ZUSAMMENFASSUNG	155
5	**MEDIENPRODUKTFORSCHUNG: FORSCHUNGSPROZESS**	**157**
5.1	WIE LASSEN SICH MEDIENPRODUKTE VERSTEHEN?	159
5.2	MEDIENPRODUKTFORSCHUNG: BEISPIELE	161
5.2.1	WEB-TV. QUALITÄT UND AKZEPTANZ	162
5.2.2	HAVARIE-MANAGEMENT IN KOMPLEXEN FERNSEHSYSTEMEN	163
5.2.3	WEB-SEITEN DER PRESSE IN SPANIEN UND DEUTSCHLAND	164
5.2.4	EINFLUSS DES ELEMENTS ORGANISATION AUF TAGESSCHAU-NACHRICHTEN	165
5.2.5	GESUNDHEITSFORSCHUNG: WIE ÄNDERN DIGITALE MEDIENPRODUKTE DIE KOMMUNIKATION ARZT-PATIENT?	166

5.3	FRAGEN UND AUFGABEN	168
5.4	ZUSAMMENFASSUNG	168

6 ANHANG 169

6.1	QUALIFIKATION IM BEREICH DER MEDIENPRODUKTFORSCHUNG	169
6.2	INTERNATIONALE MEDIENPRODUKTION „MEDIENBRÜCKE"	175

6 GLOSSAR 185

7 INDEX 193

8 LITERATUR 199

8

Einführung

Es ist das Jahr 1985. Ein Reisender aus der Zukunft erzählt Ihnen von einem kleinen Gerät, nicht größer als eine halbe Tafel Schokolade, mit dem Sie unzählige Software-Anwendungen für fast jeden denkbaren Zweck ausführen, Musik hören oder Videos sehen, in einer Enzyklopädie recherchieren sowie alle Freunde aus einer Liste kontaktieren. Mit diesem Gerät können Sie dann auch noch telefonieren. All das machen Sie mobil, ohne einen festen Anschluss. Science Fiction? Ein Smartphone gibt es inzwischen seit Jahren. Es hat unseren Alltag und soziales Zusammenleben verändert. Ein Smartphone als Verbindung eines Minicomputers, Internetgerätes und mobilen Telefons ist nicht das einzige innovative Medienprodukt der letzten Jahre. Mit der umfassenden Digitalisierung und mit der damit einhergehenden Möglichkeit, bislang getrennte Medienbereiche und Medienprodukte innovativ zu verknüpfen, entstand eine Reihe von medialen Neuerungen, die sich in allen Lebensbereichen bemerkbar machen. Kommunikation, Zusammenarbeit, Gesundheit, Unterhaltung usw. sind gegenwärtig einem starken Wandel unterworfen. Wir gehen zwar wie vor 30 Jahren ins Restaurant, ins Kino oder lesen Bücher, wir treffen uns mit Freunden oder fahren Rad, allerdings suchen wir uns das Restaurant vorher im Internet aus, im Kino ist die technische Ausstattung digital. Die Freunde treffen wir per Videokonferenz und am Fahrrad hängt ein Computer mit Satellitenverbindung. Auch unsere Autos, Uhren, Kühlschränke, Waschmaschinen oder Hausheizungsanlagen sind „smarte" Medienprodukte, die miteinander und mit uns kommunizieren.

Durch die Nutzung digitaler Medienprodukte entstehen Daten, die unsere Gewohnheiten, Interessen und Vorlieben spiegeln. Kein Wunder, dass alle Unternehmen ein großes Interesse an entstehenden Datenbeständen und ihrer algorithmischen Auswertung haben (vgl. Big Data). Der digitale Wandel hat dabei eine neue Art von Unternehmen hervorgebracht, die wie Microsoft, Google (Alphabet) oder Facebook nur digitale Medienprodukte anbieten, die man weder sehen noch anfassen kann. Diese Unternehmen gehören zu den größten

Unternehmen weltweit. Sie haben jeweils einen höheren Marktwert als solche Konzerne wie bspw. Siemens, Johnson und Johnson oder Nestle.

> Ein Ranking der Top-Unternehmen finden man u. a. unter der URL https://de.statista.com/statistik/daten/studie/12108/umfrage/top-unternehmen-der-welt-nach-marktwert/) (Abruf am 25.03.2017)

Auch das Buch ist ein digitales Medienprodukt. Mit Textverarbeitung wurden einzelne digitale Dokumente (Kapitel) erstellt und mitcinander zu einer Publikation verknüpft. Ein generiertes Gesamtdokument im Austauschformat PDF (Portable Document Format) wurde dann auf die Server des Publishing-Unternehmens geladen. Dort hat man das Dokument in eBook-Formate gängiger Online-Shops konvertiert. Die Druckauflage entsteht sukzessiv zur Bestellung (on Demand), sodass teure Lagerhaltung entfällt. Trotzdem wird das Buch am nächsten Tag nach der Bestellung geliefert. Der Vorteil einer solchen Publikationsweise ist u. a., dass die Korrekturen in der laufenden Auflage möglich sind. Falls das Buch wesentlich erweitert oder verändert wird, ist eine zweite Auflage unkompliziert und nach Ablauf der Vertragszeit (in der Regel ein Jahr) möglich. Der Ladenpreis eines gebundenen Buches ist zudem mit dem Preis einer Kopie im Copy-Shop vergleichbar. Es gibt natürlich auch Nachteile. Vor allem der Grad der Anerkennung einer solchen Publikation ist gering, da man unterstellt, dass kein Verlag bereit war, die Publikation in sein Programm aufzunehmen.

Fachverlage genießen in der wissenschaftlichen Welt immer noch das Image aus der Zeit der Aufklärung und aus der Zeit der Wissenschaftsentwicklung im 19. und im 20. Jahrhundert, die von sorgfältiger Titelauswahl und hoher Qualität geprägt waren. Wenn man jedoch weiß, dass jeder Titel, der zum Verlagsprogramm passt, willkommen ist, da man dem Autor Druckgebühren berechnet oder ihm unwirtschaftliche Bedingungen für Verzicht auf seine Rechte abverlangt, so verschwindet der Zauber der Tradition von bekannten Verlagen, die früher den wissenschaftlichen Austausch gefördert haben und dadurch für die wissenschaftliche Welt unverzichtbar waren. Brauchen wir im Zeitalter der Digitalisierung neue verlässliche Maßstäbe für die Beurteilung der Qualität von wissenschaftlichen Werken? Die Beurteilung kann sicherlich durch einen breiten wissenschaftlichen Diskurs erfolgen. Dazu braucht man allerdings neue Distributionsformen. eBooks oder Books on Demand sind inzwischen etablierte und anerkannte Publikationsweisen.

Das vorliegende Buch gibt einige grundlegende Antworten auf die Frage, was Medienprodukte sind und erlaubt uns, in diesem innovativen Spannungsfeld selbst zu forschen. Die Digitalisierung änderte die Art und Weise der Medienproduktion und machte deutlich, dass neue Forschungszugänge notwendig sind, um neue Erkenntnisse zu gewinnen. Das in diesem Buch vorgestellte wissenschaftliche Modell liefert dabei die Grundlage für eine neuartige Analyse der Medien und der Medienprodukte. Zwei Anliegen werden hier verfolgt. Zum einen soll eine Grundlage für die Systematik und Analyse von digitalen und innovativen Medienprodukten geschaffen werden, zum anderen soll die Praxis der Medienproduktion unterstützt werden, indem man die Prozesse und Abläufe dank der gewonnenen Erkenntnisse optimieren kann.

In Kapitel 1 wird daher die Medienproduktion als eine neuartige wissenschaftliche Disziplin vorgestellt. Die Beziehung zwischen Mensch und Technik wird im Kontext sog. soziotechnischer Systeme diskutiert. Am Ende des Kapitels wird das Modell Content, Technik und Organisation (CTO) vorgestellt, wobei die gegenseitige Beeinflussung dieser drei Elemente der Medienproduktion diskutiert wird.

In Kapitel 2 wird der Begriff der Innovation vorgestellt und in Beziehung zu digitalen Medienprodukten gebracht. Ein kurzer Abriss der Computergeschichte soll dabei zeigen, wie sich Innovationen von Medienprodukten entwickeln. Die Erkenntnisse werden anschließend zu einer Charakteristik der Innovationen verdichtet. In Kapitel 3 wird die Systematik der Medienprodukte entwickelt. Drei Abstraktionsschichten werden dabei unterschieden: Content, Hardware und Software. Sie konstituieren ein Medienprodukt bzw. Medienprodukte und erlauben uns, sie voneinander zu unterscheiden.

In den Kapiteln 4 und 5 finden Sie sowohl Beschreibungen von wissenschaftlichen Methoden als auch die Darstellung der Vorgehensweise bei der Erforschung digitaler Medienprodukte. Einige ausgewählte Beispiele für Studien im Bereich der Medienproduktforschung machen deutlich, wie wichtig gegenwärtig interdisziplinäre Forschungsprogramme sind. Im Anhang wird ein Seminarkonzept präsentiert, das sowohl eine Grundlage für die Vermittlung von Wissen und Kompetenzen bei der Medienproduktion ist als auch der Medienproduktforschung dient. Sicherlich können weitere didaktische Konzepte entwickelt werden, die sich nicht nur für die akademische Lehre, sondern auch für die Weiterbildung eignen.

1 Grundlagen der Medienproduktion

Seitdem die Menschen Medien produzieren, sind sie bemüht, die Formen und Abläufe der Produktion zu bestimmen, um bessere Ergebnisse zu erreichen oder das Wissen um die Produktionsabläufe an andere weiterzugeben. Zwischen den ersten Versuchen, in den vor ca. 20.000 Jahren bewohnten Höhlen, Bildern von Tieren und Jagdszenen an die Wände zu zeichnen, bis zur digitalen Broadcast-Produktion im 21. Jahrhundert liegen zwar Welten, doch das Anliegen der Medienprodukte bleibt gleich. Es ist die zwischenmenschliche Kommunikation als Urbedürfnis des Homo Sapiens, die Medienprodukte entstehen lässt. Was sind jedoch genau Medienprodukte? Wie werden sie hergestellt? Und vor allem: Wie kann man Medienprodukte und Medienproduktion systematisch wissenschaftlich erfassen? Dieses Buch sucht nach Antworten und möchte Sie in ein neues interdisziplinäres Forschungsfeld einführen.

1.1 Medienproduktion als Wissenschaft?

Wissenschaft ist als Organisation und als Handlung zu verstehen. Als Handlung ist Wissenschaft auf Wissen gerichtet, welches es systematisch und durch Anwendung anerkannter Methoden zu komplettieren gilt (Forschungsprozess). Die Wissenschaft als Organisation ist als ein Zusammenhang aus Institutionen (Universität, Konferenzen, Forschungseinrichtungen usw.) und festgelegten Strukturen der Kooperation, Ausbildung oder Leistungsanerkennung zu verstehen. Wissenschaft wird in Disziplinen (Mathematik, Philosophie, Soziologie, Physik usw.) eingeteilt, die jeweils einen Gegenstand (Forschungsobjekt) haben und über den sie das Wissen systematisch aufbauen.

Medienproduktion ist zwar eine Wissenschaft im Sinne der o. g. Definition, sie stellt jedoch keine wissenschaftliche Disziplin im engeren Sinne dar, sondern ist vielmehr ein interdisziplinär ausgerichtetes Forschungsfeld oder eine Forschungsrichtung. Diese Eigenschaft teilt sie übrigens mit zahlreichen anderen Wissenschaften. Traditionell sind u. a. Architektur (Kunst und Technik) oder Archäologie (Naturwissenschaften, Geisteswissenschaften und Sozialwissenschaften) interdisziplinär. In den letzten Jahrzehnten kamen viele neue interdisziplinäre wissenschaftliche Richtungen dazu. Einige Beispiele hierfür sind: Biochemie, Wirtschaftsinformatik, Wirtschaftsingenieurwesen oder Geotechnik. Seit der Mitte der 2000er Jahre kam die Medienproduktion hinzu.

Wissenschaft bedeutet ein System von Handlungen, die das Wissen über einen Gegenstandsbereich systematisch mit anerkannten Methoden erarbeiten (Forschung) und publizieren (wissenschaftlicher Diskurs) sowie organisiert weitergeben (Lehre). Wissenschaft stellt ein gesellschaftlich anerkanntes System dar, in dem Forschung und Lehre organisiert und betrieben werden.

Womit beschäftigen sich genauer die wissenschaftlichen Disziplinen, die die Medienproduktions- und Medienproduktforschung bestimmen oder stützen?

Interdisziplinarität bedeutet die Zusammenarbeit mehrerer wissenschaftlicher Disziplinen, indem sie sich einem gemeinsamen Forschungsobjekt zuwenden. In der Medienproduktion sind als Objekt die Medienproduktionsprozesse und die entstehenden Medienprodukte zu betrachten. Die beteiligten Disziplinen und Teildisziplinen der Medienproduktion sind u. a. Informatik, Kunst und Gestaltung, Medientechnik, Journalismus, Informationstechnik, Betriebswirtschaftslehre, Marketing, Werbung und Medienwissenschaft.

Transdisziplinarität ist als Begriff weniger klar umrissen. Meist versteht man darunter entweder ein einheitliches Forschungsprinzip (vgl. Nachhaltigkeitswissenschaft) oder ein theoretisches Einheitsprinzip (vgl. zu diesem Begriff u. a. Bergmann & Schramm (Hrsg.) 2008).

1.1.1 Wissenschaftliche Perspektive auf Medienproduktion und Medienprodukte

Die technischen Disziplinen sind die Informatik sowie die Medientechnik als Teil und Schnittmenge der Elektrotechnik und der Informationstechnik. Als ingenieurwissenschaftliche Disziplinen bilden sie die Grundlage der Medienproduktion: Rechner- und Softwaretechnik, Programmierung, Netztechnik und Broadcast-Technik sind nur einige Beispiele für den Beitrag zur Realisierung von technischen Produktionssystemen. Aus dem technischen Bereich sind alle Innovationen hervorgegangen, die die Entwicklung und den Wandel der Medien, vom Buchdruck zur Digitalisierung, prägten und prägen. Die **Informatik** ist allgemein betrachtet die Wissenschaft von Daten und Algorithmen. Zum einen fokussiert die Informatik theoretische Grundfragen, die von der konkreten Computertechnik abstrahieren (Theoretische Informatik), zum anderen sind das Fragen der Computertechnik (Technische Informatik) oder der Programmierung (Praktische Informatik). In der letzten Zeit entstanden zahlreiche angewandte Richtungen der Informatik, wie z. B. Künstliche Intelligenz, Wirtschaftsinformatik oder Medieninformatik, die selbst stark interdisziplinär ausgerichtet sind. Zwischen der Medieninformatik und der Medienproduktion gibt es dabei zahlreiche Verknüpfungen. Die **Medientechnik** ist ein spezielles Gebiet der Elektrotechnik als einer Technikwissenschaft, die sich mit Geräten und Verfahren auf der Grundlage der Elektroenergie und der Informationstechnik beschäftigt. Medientechnik ist damit eine interdisziplinäre Technikwissenschaft und das Bindeglied somit zwischen der Elektrotechnik und der Informatik. Die Medientechnik stellt sowohl die Gerätetechnik als auch die technischen Verfahren (Technologien) der Medienproduktion in der Forschung in den Vordergrund.

Welche weiteren relevanten Disziplinen sind zu nennen? **Journalistik** ist die wissenschaftliche Beschäftigung mit **Journalismus**, also mit einer praktischen Tätigkeit zur Herstellung von Öffentlichkeit. Journalistik wird der massenmedialen Richtung der Kommunikationswissenschaft (oft innerhalb der sog. Kommunikator-Forschung) zugeordnet. Da

Journalismus eine praxisbezogene Handlung der Content-Produktion für (Massen-)Medien ist, sind seine fachlichen Beiträge für die Medienproduktion besonders wertvoll. Insbesondere im Hinblick auf die Möglichkeit der Content-Produktion im Internet entstanden in der letzten Zeit zahlreiche Produktionsmodelle.

Die **Betriebswirtschaftslehre** beschreibt die ökonomische Bedeutung der Unternehmen in der Volkswirtschaft. Sie richtet sich auf Entscheidungsprozesse in Betrieben, wobei sie u. a. die rentable Organisation der Produktionsfaktoren fokussiert. Eine besondere Ausrichtung der BWL ist das Medienmanagement, welches sich mit der Organisation von Medien und/oder mit der Organisation der Medienunternehmen beschäftigt. Für die Beschreibung und die Reflexion von Medienproduktionsprozessen ist die Bedeutung von wirtschaftlichen Modellen relevant (vgl. **Scholz** 2006).

Medienrecht als Teil der umfassenden geisteswissenschaftlichen Disziplin (Rechtswissenschaften) behandelt Fragen des geistigen Eigentums, der Verbreitungsrechte und alle rechtliche Fragen, die mit Planung, Produktion und Verbreitung von Medienprodukten verbunden sind (vgl. Fechner 2008).

Die **Medienwissenschaft** beschäftigt sich aus geistes- und kulturwissenschaftlicher Perspektive mit Medien und stellt die Erzeugung und Bedeutung der Medienprodukte in den Mittelpunkt. Filmwissenschaft, Literaturwissenschaft oder Theaterwissenschaft werden unter der Medienwissenschaft subsummiert. Die Medienwissenschaft wird zuweilen auch als Sozialwissenschaft verstanden, dann aber handelt es sich meistens um eine massenmediale Ausrichtung, die mit der massenmedialen Ausrichtung der Kommunikationswissenschaft identisch ist. Medienanalyse, Medientheorie und Mediengeschichte sind wesentliche Beiträge der Medienwissenschaft, die zum besseren Verständnis von Medienprodukten beitragen.

Die **Kommunikationswissenschaft** ist keine einheitliche Disziplin und entstand aus zeitungswissenschaftlichen Ansätzen, psychologischer

Modellbildung, Linguistik und Kommunikationstechnik. Diese wissenschaftliche Ausrichtung hat keinen einheitlichen Forschungsgegenstand, da sie sich entweder der Massenkommunikation oder der Individualkommunikation bzw. der Informations- und Kommunikationstechnik in sozialen Zusammenhängen zuwendet. Der grundlegende Begriff der Kommunikation ist dabei sehr vielfältig und hat unterschiedliche Definitionen (vgl. Schmidt & Zurstiege 2000, S. 21ff.). **Kunst und Gestaltung** bilden ebenfalls kein einheitliches Forschungsfeld. Während Theorien der Gestaltung den praktischen Realisierungsprozess von Artefakten betrachten (Produktgestaltung, industrielle Formgebung), ist Kunst eher als Verbund von Handlungen zu sehen, die auf einen kreativen Umgang mit der Wirklichkeit/Umgebung des Menschen gerichtet sind. Auch Kunst kann Artefakte hervorbringen, die sich zum Teil als Content der Medien untersuchen lassen.

Das Forschungsfeld der Medienproduktion wird auch von weiteren, selbst interdisziplinären Forschungsschwerpunkten geprägt. **Usability Engineering** beschäftigt sich mit der Nutzbarkeit von Medienprodukten und untersucht Bedingungen ihres Einsatzes. **Systems Engineering** modelliert komplexe Systeme. **Multimediale Kommunikation** fokussiert Implikationen der technisch vermittelten Kommunikation mit interaktiven/multimedialen Medienprodukten durch Nutzer oder der technisch vermittelten Kommunikation der Nutzer untereinander mit Hilfe von interaktiven/multimedialen Medienprodukten.

Eine zusammenfassende Sicht auf die Medienproduktion finden wir in der Abb. 1.1.

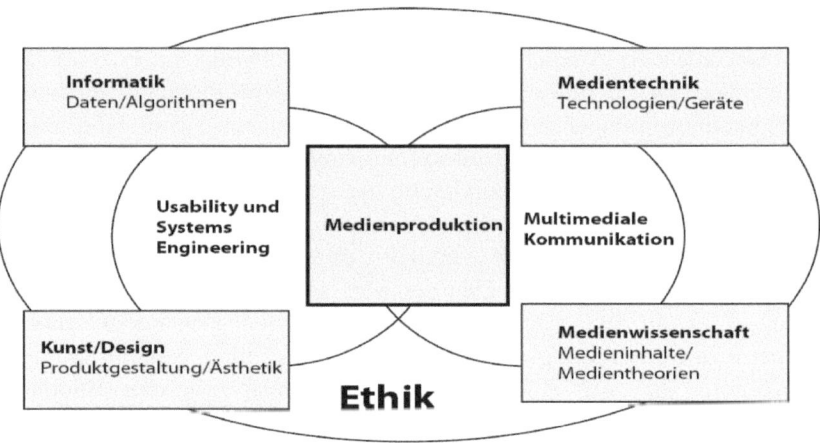

Abb. 1.1 Interdisziplinarität der Medienproduktion

Eine besondere Bedeutung erhält im Zusammenhang mit Fragen der Medienproduktion die **Ethik**, die es erlaubt, unser Handeln und dessen Ergebnis (Medienprodukte) zu reflektieren. Besondere Bedeutung für die Medienproduktion haben auch Usability Engineering, Systems Engineering und Multimediale Kommunikation, die sowohl ihre Forschungsperspektiven als auch besondere Vorgehensweisen (Methoden) für die Forschung im Feld der Medienproduktion mitbringen.

> Was ist **Medienproduktion**?
> Medienproduktion ist ein interdisziplinäres Forschungsfeld und zeigt dabei zwei Forschungszugänge: 1. Medienproduktion beschäftigt sich mit Prozessen, in deren Ablauf Medienprodukte entstehen (Medienproduktionsforschung); 2. die Forschung kann aber auch die entstandenen Medienprodukte fokussieren (Medienproduktforschung). Die Medienproduktion greift auf Erkenntnisse der anderen Disziplinen zu, sie verwendet dabei jedoch ein eigenes Modell.

> Was sind **Medienprodukte**?
> Medienprodukte sind das Ergebnis des Medienproduktionsprozesses. Medienprodukte sind vielfältig, da es sich bspw. um digitale Daten, Genres oder Formate im Fernsehen handeln kann, aber auch um elektronische Baugruppen oder Medienendgeräte (Smartphone oder 4K-Fernseher). In diesem Kapitel werden Medienprodukte systematisch betrachtet und kategorisiert.

Insgesamt fällt es bei der Betrachtung des Begriffes „Medienprodukt" auf, dass die Bedeutung von „Medium/Medien" keineswegs eindeutig ist. Der Begriff „Medien" (engl. Media) bezeichnet oft Kommunikationskanäle, die Content auf spezifische Art und Weise aufbereiten und übertragen. Medien sind demnach Fernsehen, Radio, Presse, Film usw. sowie deren Botschaften (Programme, Artikel, Hörspiele, Kinofilme usw.). Krömker & Klimsa (2005) sprechen in diesem Zusammenhang von Medienbranchen wie Print, Film, Musik, Games usw. Das Medium wird häufig als Träger von Informationen bezeichnet. Was ist aber eine Information? Was ist hingegen eine Botschaft? Was ist ein Kanal? Abgesehen von zahlreichen Facetten dieser Begriffe lassen sich nachfolgende grundlegende (aber stark vereinfachte und vom Mainstream teils abweichende) Beschreibungen zugrunde legen:

Das Medium (Medien) ist insgesamt ein unterschiedlich gedeuteter, aber stets ein vager Sammelbegriff für **Kommunikationsmittel, Kommunikationskonzepte** oder **Kommunikationssysteme**. Medium ist in diesem Sinne kein konkreter Träger von Informationen (wie die Kommunikationsmittel Papier, Luft, Metall usw.), keine Sendereihe, Programm oder Leitartikel (Medienkonzepte) und keine Medienbranche (wie die Kommunikationssysteme Fernsehen, Radio, Presse usw.), aber auch kein Transportweg für Informationen (vgl. Kanal).

> Begriff „**Medium**"
> Wegen der Mehrdeutigkeit müsste man eigentlich in der Wissenschaft den Begriff „Medium" vermeiden oder auf ihn ganz verzichten. Dieser Begriff ist allerdings sowohl in den Wissenschaften als auch in der Alltagskommunikation so stark verwurzelt, dass wir ihn hier in der Bedeutung Kommunikationsmittel, Kommunikationskonzept und Kommunikationssystem weiterhin verwenden und in der Konsequenz schlicht nur von Medienprodukten sprechen. Wir müssen aber stets beachten, dass es sich um ein Kontinuum von einfachen zu sehr komplexen Konstrukten handelt.

Ein (**Kommunikations-)Kanal** ist eine Verbindung zwischen zwei oder mehreren Punkten (bzw. Kommunikationspartnern) und erlaubt den Informationstransport. Die Medienbranchen (Film, Fernsehen, Presse usw.) stellen spezifische technische Kommunikationskanäle zur Verfügung.

Die **Information** ist eine Sinneinheit (Repräsentation der Wirklichkeit), die jedoch ihre Sinnhaftigkeit erst beim Empfänger unter bestimmten Voraussetzungen entfalten kann. Diese Voraussetzungen nennt man Codes. Sie müssen für alle Kommunikationspartner gleichbedeutend und eindeutig sein. Eine Information wird vom **Signal** getragen, der als physikalischer Träger die Information zwischen den Kommunikationspartnern über einen Kanal transportiert. Von der Information müssen die Begriffe der Nachricht und der Botschaft abgesetzt werden. Während eine **Nachricht** allgemein ein Konglomerat von zusammenhängenden Informationen darstellt, bedeutet eine **Botschaft** eine an einen Empfänger gerichtete bedeutungsvolle Nachricht). Eine Nachricht kann für Kommunikationspartner wechselseitig (reziprok) sein, eine Botschaft ist dagegen einseitig gerichtet.

Die **Kommunikation** bedeutet einen Akt der Verständigung (Nachrichtenaustausch) zwischen Objekten/Individuen und ist stets reziprok. In unserem Fall heißt es, dass wir nicht vom Sender (der nur sendet) und vom Empfänger (der nur empfängt) sprechen, sondern es bedeutet, dass sich die Kommunikationsrollen wechselseitig ändern. Der Begriff „Kommunikationspartner" ersetzt die Begriffe Sender und Empfänger, die nur dem technischen Kontext vorbehalten bleiben sollen.

Es ist im gewissen Sinne ein historischer Unfall, dass die Sozialwissenschaften gerade einen technischen Begriff der „Kommunikation" übernommen haben. In seiner mathematischen Theorie der Kommunikation beschrieb Claude E. Shannon (1949) ein Kommunikationssystem, in dem eine Nachricht von der Quelle zur Senke mit Hilfe eines Signals übertragen wird. Dabei ist aber wichtig, dass die Nachricht durch Signalrauschen entstellt werden kann. Der Nachrichtenverlust (Shannon sprach von Entropie) soll aber vermieden werden, sodass es darauf ankommt, das Rauschen zu vermeiden oder seine Auswirkungen zu eliminieren. In einem mathematischen Modell konnte Shannon zeigen, wie die Folgen des Signalrauschens eliminiert werden können. Bis heute ist diese Theorie in der Nachrichtentechnik eine wesentliche Grundlage. In den Sozialwissenschaften erzeugte dies jedoch Missverständnisse, da eine wenig reflektierte Übertragung des mathematischen Modells den Eindruck erweckt, dass technische Kommunikation und menschliche Kommunikation vergleichbar wären. Die Fragen „Wer sagt was, zu wem, über welches Medium und mit welcher Wirkung" sind immer noch Stationen der (vereinfachten) Kommunikation (vgl. Lasswell 1948). Durch umfassende Systemänderungen der Gesellschaft in den letzten Jahren ist die Bedeutung einer Neubewertung von Theorien unumgänglich geworden. Dabei ist die Rolle der Technik keineswegs gering, da Medienproduktion nur mit technischen Hilfsmitteln möglich ist.

Medienproduktion als technischer Vorgang kann allerdings nur mit Beteiligung der Menschen erfolgen. Mensch und Technik sind damit zwei untrennbare Größen, die Medienproduktion bestimmen und damit auch die Funktion (technische, kulturelle, ethische usw.) der erzeugten Medienprodukte. Im nächsten Abschnitt müssen wir daher die Frage klären, was Technik ist und welche Rolle der Mensch in technischen Vorgängen spielt.

1.1.2 Fragen und Aufgaben

1. Was bedeutet Medienproduktion?
2. Was sind Medienprodukte?
3. Was ist Wissenschaft?
4. Welche wissenschaftlichen Disziplinen konstituieren bzw. unterstützen die Medienproduktforschung?
5. Warum ist Wissenschaft und speziell Medienproduktforschung ohne Ethik nicht sinnvoll oder problematisch?
6. Warum lässt sich der Begriff „Medium" nicht scharf präzisieren?
7. Welche Fragen stellt die Lasswell-Formel von 1948 auf?

1.2 Mensch und Technik

Die Menschen leben in einer technischen Welt (vgl. Bense 1949). Durch Nutzung von einfachen Werkzeugen war die Menschheit schon bei ihrer Entstehung in der Lage, die Umwelt nach eigenen Bedürfnissen und Möglichkeiten zu verändern, um eigenes Überleben zu sichern. Waffen für die Jagd oder zum Kampf, später das Rad zur Fortbewegung oder verschiedene Speichermedien (z. B. Tontafeln für die Keilschrift) sind nur wenige Beispiele für die Vielfalt der von Menschen erzeugten Werkzeuge. Die Technik entspringt aus der Auseinandersetzung des Menschen mit der Umwelt. Der spanische Philosoph José Ortega y Gasset (1883-1955) definiert Technik als eine auf Wandel und Fortschritt gerichtete Nutzung von natürlichen Ressourcen, die eine gezielte Veränderung unseres Lebensraumes bewirkt *(vgl. Ortega y Gasset 1949)*. Die VDI-Richtlinie 3780 (Verband Deutscher Ingenieure), die sich mit Technikbewertung beschäftigt, formuliert: „Das Ziel allen technischen Handelns soll es sein, die menschlichen Lebensmöglichkeiten durch Entwicklung und sinnvolle Anwendung technischer Mittel zu sichern und zu verbessern. (...) Funktionsfähigkeit und Wirtschaftlichkeit werden jedoch nicht um ihrer selbst willen erstrebt. Technische Systeme werden hergestellt und benutzt, um menschliche Handlungsspielräume zu erweitern. Sie stehen im Dienste außertechnischer und außerwirtschaftlicher Ziele." (*VDI-Richtlinie Technikbewertung 3780, S. 73ff.*).

> Was ist **Technik**?
> Einerseits bedeutet Technik Artefakte und Sachsysteme, die von Menschen zweckgebunden hergestellt werden, andererseits werden Artefakte und Sachsysteme von Menschen zweckgebunden gebraucht. Die jeweiligen Handlungen verändern dabei die Umwelt (vgl. Ropohl 2009).
>
> **Technologie** bedeutete ursprünglich die Wissenschaft von der Technik (vgl. Beckmann 1806). Gegenwärtig werden darunter Technik und die Verfahren ihrer Verwendung (Produktionslehre) verstanden. Aus dem US-Englischen übertragen, bedeutet Technologie das gleiche wie Technik. Auch eine Steigerung der Bedeutung der Technik ist in dem Begriff „Technologie" zu erkennen, vor allem dann, wenn man solche Begriffskombinationen wie bspw. Gentechnologie oder Informationstechnologie verwendet oder von weiteren „neuen Technologien" spricht. Inzwischen wird der Begriff oft in der ursprünglichen Bedeutung als Wissenschaft von der Technik begriffen.

Beide Definitionen machen deutlich, dass Technik ein vielschichtiger Begriff ist. „Nutzung von natürlichen Ressourcen", „Veränderung des Lebensraums", „Anwendung technischer Mittel", „technische Systeme" sind nur wenige Dimensionen der Technik. Insgesamt lassen sich zwei generelle Bedeutungen der Technik unterscheiden (vgl. Ropohl 2009, S. 29f.):

1. einen weiten Technikbegriff, der „jede Art von kunstfertiger Verfahrensroutine in beliebigen menschlichen Handlungsfeldern" umfasst. Die Bedeutungsmöglichkeiten dieser Ausprägung des

Begriffes erstrecken sich von „Gebetstechnik" bis zur „erotischen Technik" (ebd. S. 29).
2. einen engen Technikbegriff „der allein die gegenständliche Welt der Maschinen und Apparate meint; nicht menschliches Handeln mit zweckmäßigen Mitteln steht im Vordergrund, sondern das künstlich gemachte Gebilde, das Artefakt" (ebd. S. 30).

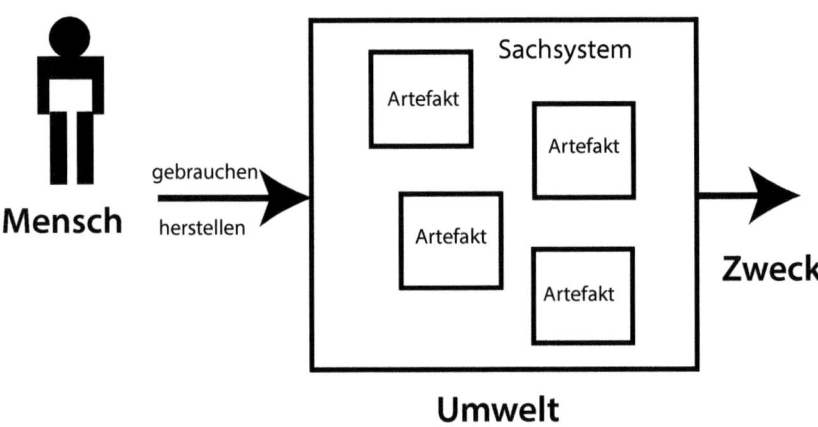

Abb. 1.2 Technikbegriff nach Ropohl (2009)

Wie Ropohl ausführt, sind beide Bedeutungen für die Forschung wenig brauchbar. Die eine enthält alle möglichen Verständnisebenen, die andere schließt nur technische Artefakte ein und klammert explizit Menschen aus. Daher schlägt er eine Definition der Technik vor: „... immer dann, und nur dann, von „Technik" zu sprechen, wenn: „Gegenstände von Menschen künstlich gemacht und für bestimmte Zwecke verwendet werden. (...)" Technik umfasst (a) die Menge der nutzenorientierten, künstlichen, gegenständlichen Gebilde (Artefakte oder Sachsysteme), (b) die Menge menschlicher Handlungen und Einrichtungen, in denen Sachsysteme entstehen und (c) die Menge menschlicher Handlungen, in denen Sachsysteme verwendet werden."

(ebd. S. 31f.). Mit dieser Definition knüpft Ropohl an die Definition der VDI-Richtlinie 3780 an (Abb. 1.2).

Wenn Artefakte entstehen und verwendet werden, ist immer menschliches Handeln intendiert. Die Frage nach moralisch richtigem Handeln ist in diesem Zusammenhang unentbehrlich (vgl. Ropohl 2009). Mit dem moralisch richtigen Handeln beschäftigt sich die Ethik als philosophische Richtung. Sie stellt Kriterien für gutes und schlechtes Handeln auf und bewertet die Handlungsmotive. Sie richtet sich auch auf die Folgen des menschlichen Handelns und bewertet sie.

Die Technikfolgen können für die Menschen verheerend sein, daher kann Technik nie nur um des Fortschritts willens betrieben werden. Katastrophen, wie Tschernobyl und Fukushima, verdeutlichen die Notwendigkeit der ethischen Bewertung des technischen Handelns.

Keine Technik ohne Ethik!
Die Technik und ihre Folgen müssen von ethischen Überlegungen begleitet werden. Technik ohne ethische Bewertung war schon oft eine akute Gefahr für die Menschen und die menschliche Zivilisation (z. B. Entwicklung und Abwurf von Atombomben, Wettrüsten im Kalten Krieg, Zerstörung natürlicher Umwelt-Ressourcen usw.).

1.2.1 Systemtheorie der Technik

Im deutschsprachigen Raum legte Günter Ropohl eine Systemtheorie der Technik vor (vgl. Ropohl 2009). Seine Theorie ist für die Medienproduktion insofern relevant, da hier die Grundlage für Modellbildung im technischen Bereich gegeben ist und die Differenzen zur soziologischen Systemtheorie (z. B. von Talcot Parsons und Niklas Luhmann) gut zu erkennen sind. Soziologische Systemtheorie beschäftigt sich speziell mit Sozialität und richtet dabei das Augenmerk auf Gesellschaft, Interaktion, Kommunikation, Funktionssysteme,

Organisationen usw. In den Sozialwissenschaften spielt die Systemtheorie eine zentrale Rolle. Die Medien als soziale Systeme werden heutzutage aus dieser Theorie heraus begründet. In den Technikwissenschaften wird natürlich keine radikale Abgrenzung zu anderen Systemtheorien vorgenommen, vielmehr sind gemeinsame Wurzeln in der Allgemeinen Systemtheorie sehr deutlich zu erkennen, die auf Ludwig von Bertalanffy (1901-1972, vgl. *General System Theory* 1968) zurückgeführt wird. Als Biologe fragte er sich, was Systeme ausmacht und ob man sie durch gültige Gesetzmäßigkeiten analysieren und vergleichen kann. Die von ihm aufgestellten Prinzipien waren u. a. Komplexität, Gleichgewicht, Selbstorganisation oder Rückkopplung. Norbert Wiener (1894-1964) erweiterte und spezifizierte die Systemtheorie durch den Entwurf seiner Kybernetik (vgl. Wiener 1948), die nicht nur die Technikwissenschaften beeinflusste, sondern auch breite Anwendung in den Sozialwissenschaften bis in die 80er Jahre fand. Obwohl sich die Kybernetik auf der Grundlage der Nachrichtentechnik entwickelte und die Regelungs- und Kommunikationstheorie (Kommunikation der technischen Systemelemente) begründete, war es für die Sozialwissenschaft offenbar verlockend, die Erkenntnisse aus dem Bereich geschlossener mechanischer Systeme auf menschliche Gesellschaft zu übertragen und sie als einen selbstgesteuerten Regelkreis zu begreifen. Diese Übertragung war und ist jedoch nicht angemessen und führte in der Vergangenheit zu zahlreichen Missverständnissen, die vor allem die tradierte Kommunikationswissenschaft bis in die 80er Jahre begleiteten. Wichtige Beiträge zur Entwicklung einer allgemeinen Systemtheorie lieferten außerdem Humberto Maturana und Francisco Varela (Autopoiesis = Selbsterschaffung/Selbsterhaltung eines Systems), Stuart Kauffman (Selbstorganisation = Formgebung, Gestaltung des Systems durch das System selbst) und u. a. Alfred Radcliffe-Brown (Strukturfunktionalismus = soziale Systeme als selbst erhaltende Gebilde). All die Theorien und Ansätze sind für Ropohl ein Ausgangspunkt für die Formulierung einer Systemtheorie der Technik. Womit beschäftigt sie sich genauer?

Ropohl definiert ein System als „(…) das Modell einer Ganzheit, die (a) Beziehungen zwischen Attributen (Inputs, Outputs, Zustände etc.)

aufweist, die (b) aus miteinander verknüpften Teilen bzw. Subsystemen besteht, und die (c) von ihrer Umgebung bzw. von einem Supersystem abgegrenzt wird." (Ropohl 2009, S. 77) Bedeutend ist an dieser Stelle, dass Ropohl drei Konzepte der technisch verankerten Systemtheorie sieht: „In dieser Definition sind tatsächlich die drei Systemkonzepte (...) miteinander vereinigt; (a) definiert die Funktion, (b) die Struktur und (c) die Hierarchie eines Systems. Wenn alle drei Systemaspekte beschrieben werden, liegt ein vollständiges Systemmodell vor. Allerdings werden, was in der Literatur weit verbreitet ist, auch „schwächere" Systemdefinitionen zugelassen, die nur Attribute und Funktionen oder nur Elemente und Relationen angeben; das ist sinnvoll, weil manche speziellen Systemtheorien mit solchen eingeschränkten Systemmodellen arbeiten." (Ropohl 2009, S. 77f).

Wie wir später sehen werden, ist das Modell der Medienproduktion ein „schwächeres" Systemmodell, da es sich hauptsächlich auf Elemente und Relationen konzentriert und die Zusammenhänge benennt.

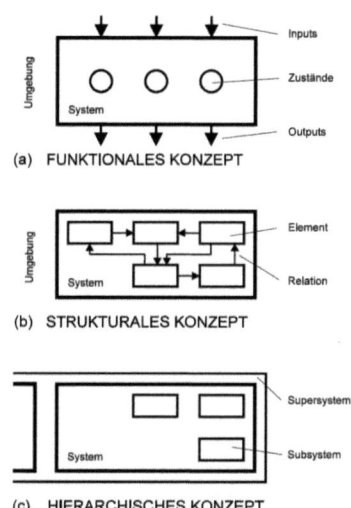

Abb. 1.3 Konzepte der Systemtheorie (Quelle: Ropohl 2009, S. 76)

Ropohl geht auf folgende Systeme genauer ein:

1. **Allgemeines Modell des Handlungssystems** wird als eine Instanz verstanden, die Handlungen vollzieht: „Ein allgemeines Handlungssystem ist ein theoretisches Modell, das beliebige empirische Handlungsträger abbilden kann" (Ropohl 2009, S. 93). Im Klartext, es kann sich um Menschen, Maschinen bzw. Sachsysteme oder deren jeweilige Kombinationen handeln.
2. **Menschliche Handlungssysteme** (vgl. Ropohl 2009, S. 107ff.) sind auf der Mikroebene, d. h. auf der Ebene des Individuums empirisch gut zugänglich. Durch die zunehmende Komplexität endet die Einfachheit bei der Betrachtung des Mesosystems (z. B. Unternehmen, Organisationen) und nimmt weiter auf den Ebenen des Makrosystems (z. B. Gesellschaft, Staat) und des Megasystems (weltweite Verankerung des Systems, wie bspw. Weltgesellschaft) zu. Alle diese Systeme sind soziale Systeme und werden sozialwissenschaftlich untersucht, wobei die Technik relativ randständig einbezogen wird.
3. **Sachsysteme** sind nutzenorientierte, künstliche, gegenständliche Gebilde (vgl. Ropohl 2009, S. 117ff.). Es sind explizit technische Systeme, oder wie Ropohl betont, es sind „technische Hervorbringungen" (Ropohl 2009, S. 118), die von Menschen künstlich erzeugt werden. In der Abb. 1.4 werden Sachsysteme in einer hierarchischen Zuordnung dargestellt. Die Unterscheidung zwischen Artefakt und Sachsystem ist bei Ropohl nicht durchgängig eindeutig. Ich verwende hier die Unterscheidung, dass Artefakte auf den jeweiligen Hierarchieebenen angesiedelt sind und dass Sachsysteme alle jeweiligen Hierarchieebenen erfassen und damit stets komplexer als Artefakte sind.
4. **Soziotechnische Systeme** (vgl. Ropohl 2009, S. 135ff.) sind die Integration von Mensch und Sachmittel zu Mensch-Maschine-Systemen. Die Idee der soziotechnischen Systeme geht auf die

Arbeiten des Tavistock Institute of Human Relations zurück und wird im nächsten Abschnitt vorgestellt.
5. **Zielsysteme** sind bei Ropohl (vgl. Ropohl 2009, S. 151ff.) abstrakte Systeme, die Anerkennung und Legitimation bedürfen, d.h. gleichzeitig, dass sie sich von einzelnen Individuen nicht konstruieren lassen. Zielsysteme sind hierarchisch geordnet: allgemeine Zielsysteme (z. B. menschengerechte Technik), mittlere Zielsysteme (z. B. benutzerfreundliche Produkte) und konkrete Zielsysteme (z. B. eine Spülmaschine, die einen Lärmpegel unter 50 dB erzeugt).

Mensch und Technik sind miteinander eng verbunden, sodass zumindest eine kurze Analyse beider Elemente des Technikbegriffes notwendig ist, um den Zusammenhang mit Medienproduktion besser zu verstehen.

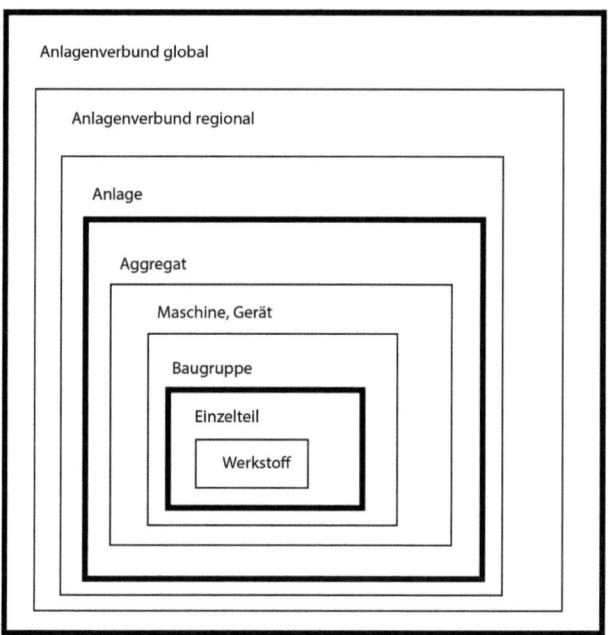

Abb. 1.4 Hierarchie der Sachsysteme (Quelle: Ropohl 2009, S. 122)

1.2.2 Soziotechnische Systeme

Die Handlungen des Menschen bringen einerseits Artefakte, andererseits auch Sachsysteme hervor, die wiederum die Herstellung der Artefakte effizienter machen. Der Mensch ist ein aktives Subjekt, da er die Technik nach seinen Bedürfnissen entwickelt und verwendet. Der Mensch ist aber auch ein Objekt der Techniknutzung, da er selbst den Folgen des technischen Handelns ausgesetzt ist.

Die Grenzen der Technikentwicklung und -nutzung sowohl im positiven als auch im negativen Sinne werden von den kognitiven Möglichkeiten des Menschen bestimmt, vor allem durch seine Fähigkeit, sich darüber im Klaren zu sein, wie Erkenntnisse gemacht werden und wie Wissen systematisch entwickelt werden kann.

> Was ist **Kognition**?
> **Kognition** bedeutet die Fähigkeit zu Wahrnehmung und der Einordnung des Wahrgenommenen in bestehende Konstrukte des Individuums. Lernen, Gedächtnis, Denken oder Aufmerksamkeit sind kognitive Fähigkeiten, die eine subjektive oder eine intersubjektive Weltkonstruktion, aber keine objektive Welterkennung, ermöglichen. Wesentlich für die Kognitionsforschung sind die Beiträge der Neurowissenschaft, die innovative Bildgebungsverfahren nutzt, um die Gehirnfunktionen sichtbar zu machen. Trotz großer Erkenntnisfortschritte ist jedoch im Bereich der Kognition kein epochaler Durchbruch erzielt worden (zum Thema Kognition vgl. Varela 1990).

Seit dem 17. Jahrhundert gibt es systematische Überlegungen darüber, wie wir unser Wissen erwerben. Unter anderem haben René Descartes, David Hume oder Immanuel Kant wesentliche Beiträge zum Verständnis der Erkenntnis geliefert. Insbesondere Immanuel Kant (1724-1804) hat in seinem Werk „Kritik der reinen Vernunft" die Grundlage der modernen Erkenntnistheorie gelegt. Nicht eine objektive Erkenntnis der Natur, ist die Basis der Erkenntnis, sondern unser

Verstand schreibt uns vor, wie wir die Gesetze entwerfen. Karl Popper brachte die Gedanken von Kant mit einem Satz zum Ausdruck: „Unser Kosmos trägt den Stempel unseres Geistes" (vgl. Popper 1980). Diese „kopernikanische Wende" der Erkenntnis bedeutet aber gleichzeitig, dass der Mensch die Verantwortung für seine Handlungen tragen muss. Kant hat damit auch die Grundlagen der modernen Ethik gelegt: Für Erkenntnisse und ihre Nutzung, was sich u. a. bei den Technikfolgen zeigt, sind die Menschen selbst verantwortlich.

Der komplexe Zusammenhang zwischen Mensch und Technik kommt im Ansatz des bereits erwähnten Londoner Tavistock Institute of Human Relations zum Ausdruck. Zweifelsohne ist die psychologische Kriegsführung der Ursprung des Instituts, das aus der Tavistock Clinic am Ende der 40er Jahre des 20. Jahrhunderts hervorgegangen ist. Zu einem der führenden Denker um die Forschung der Tavistock Clinic kann man auch Kurt Lewin (1890-1947) mit der von ihm entworfenen Feldtheorie rechnen. Das Tavistock-Institut ist in seiner Tradition und in der gegenwärtigen Technik-Forschung eine interdisziplinäre Einrichtung.

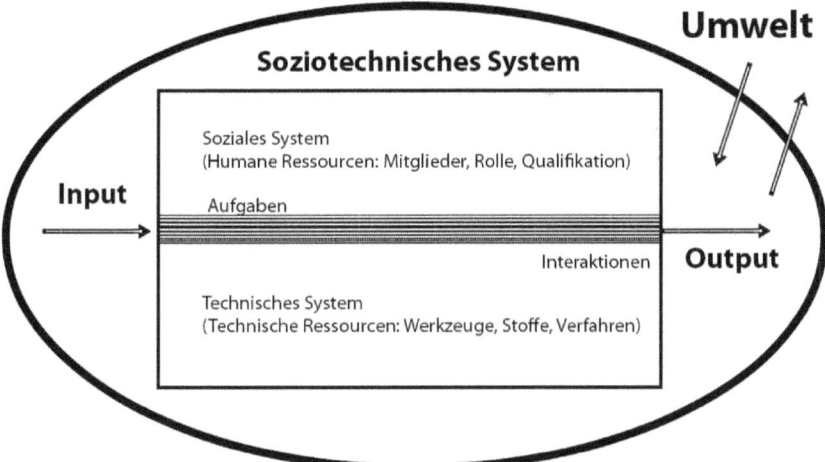

Abb. 1.5 Soziotechnisches System

Soziotechnische Systeme werden als Bezeichnung für solche Systeme verwendet, die untrennbar technische und humane Ressourcen organisatorisch verbinden. Trist & Bamforth (1951) forderten die Reduzierung der Arbeitsteilung, da sie insgesamt als wenig effizient und als demotivierend im Ergebnis von Forschungsstudien entlarvt war. Strukturelle, soziale und technologische Aspekte hat Trist auf Mikro- und Makroebene (Individuum, Gruppe, Gesamtsystem und Supersystem) verbunden, um sie systematisch zu untersuchen. Die soziotechnischen Studien des Instituts, wie bspw. die ursprüngliche Studie in Bergwerken Großbritanniens, beziehen sich immer auf drei miteinander verbundene Ebenen: das Arbeitssystem, die Organisation und die wirtschaftliche sowie gesellschaftliche Umwelt. Organisationen werden dem Systemansatz folgend als offene, dynamische, selbstregulierende Systeme betrachtet, die Input (z. B. Werkstoffe) in Output (z. B. industrielle Produkte) verwandeln und in Interaktion mit ihrer Umwelt stehen (Abb. 1.5). Die Realisation und die Steuerung von soziotechnischen Systemen wird als Soziotechnik bezeichnet.

Die Theorie der soziotechnischen Systeme kann als ein wissenschaftliches Reflexionsmodell immer dann zur Hilfe einbezogen werden, wenn Menschen und Technik in einem Prozess zusammenwirken. Es kann sich dabei um industrielle Produktionsprozesse handeln, es können aber auch andere Systemkopplungen zwischen Mensch und Technik, wie bspw. Medienproduktion oder Techniknutzung im Alltag, im Vordergrund stehen. Zwischen Technik, Mensch, Aufgabe und Struktur ergeben sich Interaktionen, deren Analyse als Grundlage der Modifikation von Aktionen des soziotechnischen Systems (Soziotechnik) genutzt werden kann. Die Charakteristika der soziotechnischen Systeme sind:

1. Ein soziotechnisches System enthält **Grundbausteine**, die sich aufgrund der Analyse erfassen und beschreiben lassen. Sie sind für das System grundlegend, sodass das System ohne sie nicht existieren und funktionieren könnte.

2. Ein soziotechnisches System enthält **Zusatzbausteine**, die zwar nicht konstitutiv sind, aber zum Aufbau des Systems beitragen und eine funktionelle Bedeutung haben oder haben können.
3. Ein soziotechnisches System enthält **Komponenten**, die als Subsysteme Grundbausteine und Zusatzbausteine integrieren, wobei deutlich erkennbar sein muss, dass sie nicht das soziotechnische System sind.
4. Die **Komplexität** der soziotechnischen Systeme führt in der Praxis zu Abgrenzungsproblemen sowie Formulierung von relevanten Forschungsfragen, was die Analyse erschwert. Übrigens: Es ist in jeder Wissenschaft stets die Frage bedeutsam, was wir als „externer" Beobachter genau analysieren. Die Menschen lassen sich als sog. **selbst-referenzielle Systeme** (d. h. auf sich selbst bezogen, autopoietisch) bezeichnen. Die menschliche Kognition zu erforschen, ist daher etwas anderes, als eine Folge von Handlungen zu untersuchen, die sich aus den kognitiven Fähigkeiten ergeben.

    Das technische Subsystem können wir sehr präzise beschreiben. Es handelt sich um ein sog. **fremd-referenzielles** System. Das Zusammenwirken beider Subsysteme birgt jedoch Unsicherheiten, die wir als Menschen (als soziales Subsystem) einbringen. Wenn wir also das Gesamtsystem interpretieren, können wir die Unsicherheiten nicht hinreichend isolieren.
5. **Kommunikation** findet innerhalb des sozialen Subsystems (d. h. zwischen Menschen), innerhalb des technischen Subsystems (d. h. zwischen Werkzeugen) und zwischen beiden Subsystemen (d. h. zwischen Menschen und Werkzeugen) statt. Die Kommunikationsakte sind dabei sehr vielfältig und Gegenstand der Forschung. Die Notwendigkeit der Forschung wird in den Sozialwissenschaften (bspw. in den Wirtschaftswissenschaften oder in speziellen interdisziplinären Forschungseinrichtungen wie bspw. dem „Centre for Communication and Computing" in Kopenhagen) bereits gesehen.

Gaming als soziotechnisches System
Ein Student kommt von seinem Computer nicht weg, da er die digitalen Spiele spannender findet, als den Besuch einer Vorlesung (da liegt er möglicherweise nicht ganz falsch). Was sind denn die Grundbausteine dieses soziotechnischen Systems, das der Student mit dem Computer und dem Netzwerk bildet? Es handelt sich hier um ein komplexes System (soziales Subsystem: Student, andere „Net Gamer"; technische Subsysteme: Computer, Netzwerk). Das digitale Spiel ist ebenfalls ein technisches Subsystem (Software), das für die Spieler die wichtigsten Interaktionen zur Verfügung stellt und spezifische Kommunikation möglich macht. In den technischen Subsystemen gibt es Komponenten, wie z. B. den Computer, der aus Grundbausteinen (z. B. Speicher, Prozessor, Grafikkarte, Netzwerkschnittstelle, Game-Eingabe-Baustein, Massenspeicher usw.) und aus Zusatzbausteinen (WLAN-Karte, Tastatur, Drucker usw.) besteht. Sehr wohl sind diese einzelnen Bausteine bei näherer Betrachtung selbst hochkomplex (Subsysteme) und müssen jeweils differenzierter beschrieben werden. In ihrer Funktion sind sie jedoch für das gesamte System entweder konstitutiv oder nicht konstitutiv. Ein Computer ist in diesem Fall eine Komponente, die aus den beschriebenen Bausteinen besteht und nicht mit dem gesamten System identisch ist. Die Kommunikation verläuft zwischen dem Studenten und dem Computer, wobei das Netzwerk als technisches Subsystem das soziale System erweitert (um andere „Net Gamer"). Dabei entstehen mit dem digitalen Spiel und zwischen den Spielern vielfältige Interaktionen. Unser soziotechnisches System besteht aus einem sozialen Subsystem (Student und „Net Gamer"-Student ist übrigens selbst ein „Net Gamer" und muss stets im Kontext der beim Spiel durch Kommunikation entstehenden sozialen Konstruktionen analysiert werden) und drei technischen Subsystemen (Computer, digitales Spiel als Software und ein Netzwerk), die wiederum aus mehreren weiteren Subsystemen (Komponenten) bestehen. Die Komponenten setzen sich ihrerseits aus Grundbausteinen und Zusatzbausteinen zusammen.

Ein soziotechnisches System besteht also aus mindestens zwei Subsystemen einem selbst-referenziellen und einem fremd-referenziellen. Es können natürlich viel mehr Subsysteme existieren.

> **Gibt es objektive Forschung?**
> Als forschendes Subjekt können wir uns von unserer Kognition nie lösen und bringen unsere Erfahrungen in das Forschungsfeld mit, sodass wir nie einen „externen" Blick auf das Forschungsobjekt erhalten können. Wir erkennen keine Wahrheit, sondern beschreiben die uns umgebende Wirklichkeit aus einem subjektiven Standpunkt. Damit ist die Wirklichkeit ein Konstrukt. Über strukturierte und nachvollziehbare Konstrukte ist eine intersubjektive Verständigung über die Wirklichkeit möglich.

Die Theorie der soziotechnischen Systeme erlaubt eine spezifische Sicht auch auf die Produktion von Medien: Die Technik setzt immer Organisationsformen oder Verfahrensweisen ihrer Nutzung voraus, um Medienprodukte, wie Zeitung, Hörspiel, digitales Spiel, Blog oder die Tagesschau-App für Tablet-PC, hervorzubringen. Sowohl die Organisation des Produktionsprozesses, als auch die Technik bestimmen stets die Gestalt eines Medienproduktes. Die Technik bestimmt die notwendige Organisationsform der Medienproduktion, die Organisationsform ihrerseits bestimmt die jeweilige Techniknutzung und beide tragen zur Entstehung eines Medienproduktes mit einer jeweils medienspezifisch transformierten Form bei. Diesem Zusammenhang wenden wir uns im nächsten Abschnitt zu.

1.2.3 Fragen und Aufgaben

1.	Inwiefern unterscheiden oder ergänzen sich die Definitionen der Technik von José Ortega y Gasset und von VDI?
2.	Welche Bedeutungen des Begriffes „Technik" kritisiert Ropohl und welche Definition schlägt er selbst vor?
3.	Sind die Begriffe „Technik" und „Technologie" identisch?
4.	Was ist ein „System"?
5.	Welche Ansätze der Systemforschung haben u.a. die Systemtheorie der Technik beeinflusst?
6.	Welche Konzepte der Systemtheorie unterscheidet Ropohl?
7.	Die Hierarchie der Sachsysteme (Abb. 1.4) ist hilfreich bei der Systematisierung technischer Produkte. Welche Ebenen der Sachsysteme lassen sich nach Ropohl unterscheiden?
8.	Welche Eigenschaften hat ein soziotechnisches System?

1.3 Das Modell der Medienproduktion

Modelle und Theorien werden oft als Synonyme verwendet. Tatsächlich geben beide eine wissenschaftliche Annahme über einen Realitätsbereich wieder. Es gibt aber große Unterschiede zwischen einer Theorie und einem Modell. Wie Popper in seinem Werk „Logik der Forschung" ausführt, sind Theorien zunächst Sätze (Aussagen). Es gibt allgemeine Sätze (Hypothesen, Naturgesetze) und besondere Sätze, die nur für einen konkreten Fall gelten (vgl. Popper 2005, S. 37). Aus dem allgemeinen Satz kann man mit Hilfe der Randbedingungen des besonderen Satzes eine Prognose ableiten. Diese deduktive Ableitung bedeutet, dass man einen Vorgang kausal erklärt. Die Bedeutung der Theorie liegt also darin, dass sie durch Formulierung von allgemeinen und besonderen Sätzen und durch das Prinzip der Kausalität Prognosen (nicht nur auf die Zukunft gerichtet) formuliert.

Ohne Theorien wäre Forschung nicht möglich, da sie für den Erkenntnisgewinn konstitutiv sind. Wissenschaftliche Modelle bilden zu

Theorien keinen Gegensatz, sie sind auch keine Ergänzung im Sinne der kausalen Vorgehensweise. Wissenschaftliche Modelle erlauben uns einen anderen Blick auf die Wirklichkeit als die Theorien, da sie eine Repräsentation bzw. eine für konkrete Zwecke definierte und stets reduzierte Abbildung der Wirklichkeit darstellen. Ein Modell bildet ein Zielsystem (empirische Daten, Phänomene usw.) nach bestimmten Kriterien (Isomorphie als Übereinstimmung zwischen Wirklichkeit und Modell) ab. Ein Modell kann auch eine Zielgruppe haben, d. h. es kann sich besonders gut für bestimmte Anwendungsfälle eignen.

Wenn in den Technik- und Naturwissenschaften Modelle schon seit langem die Grundlage der Forschung (Physik, Mathematik, Architektur, Elektrotechnik usw.) darstellen, war ihre Bedeutung in den Sozial- oder Geisteswissenschaften lange Zeit eher randständig. Es gab zwar bedeutende Anleihen aus den Natur- und Technikwissenschaften, wie z. B. die bereits zitierte Interpretation des Modells der Kommunikation (Nachrichtenübertragung) von Shannon/Weaver durch Harald Lasswell (vgl. Lasswell-Formel). Überwiegend sprachen jedoch die Sozial- und Geisteswissenschaften im Zusammenhang mit den jeweiligen Forschungsprogrammen von Theorien.

Um Forschung im Bereich der Medienproduktion zu betreiben, sind Modelle als wissenschaftliche Konstrukte unabdingbar, um den Objektbereich zu strukturieren und Fragen abzuleiten. Medienproduktion beschäftigt sich insbesondere mit Prozessen der Produktion von Medienprodukten, die Medienproduktforschung als spezifische Ausprägung der Medienproduktion interessiert sich für die in diesen Prozessen entstandenen Medienprodukte.

1.3.1 Medienproduktionsprozesse

Medienproduktion ist als Handlungsfeld komplex und keineswegs für alle Medienprodukte einheitlich. Sehen wir uns dazu zwei Beispiele der Medienproduktion im Fernsehen an:

Medienproduktion im Fernsehen (70er Jahre)

In der Fernseh-Nachrichten-Redaktion eines öffentlich-rechtlichen Senders wird in der wöchentlichen Redaktionskonferenz (Montag, 10.00 Uhr) besprochen, über welche aktuellen Themenbereiche in den kommenden Tagen berichtet werden soll. Besprochen werden neben der Reflexion der Inhalte und die darauf gefolgten Reaktionen auch die Arbeitsweise der Redaktion in der vorangegangenen Woche, um eventuelle technische oder organisatorische Probleme zu lösen. Nach der Themenverteilung werden die Beiträge inhaltlich grob umrissen und die Sendetermine festgelegt. Damit startet die umfassendere Planung der Beiträge. Wir verfolgen einen Beitrag, in dem es um die Hintergründe zu einem aktuellen politischen Ereignis geht. Der verantwortliche Redakteur wendet sich an das Archiv des Hauses und fordert von dort die Presseausschnitte zum Thema an. Er verschafft sich auch im MAZ-Archiv einen Überblick über die vorliegenden Filmmaterialien zum Thema. Telefonisch kontaktiert er die Experten (Politik und Wissenschaft), um sein Wissen um die Hintergrundereignisse zu vertiefen. Mit den erreichbaren Experten vereinbart er Termine für die Film-Aufnahmen. Dabei muss er sich sofort (oder schon früher) um Termine mit dem Aufnahmeteam bemühen. Dies bespricht er mit der Dispo(sition). Er muss auch schon einen Schnittraum und einen Cutter buchen. Da unser Redakteur schon aus den Telefongesprächen weiß, welche Aussagen von den zwei ausgewählten Experten zu erwarten sind, beginnt er mit der Filmsichtung sowie der Suche nach dem passenden Filmmaterial. Er fängt an, die Interviewfragen zu formulieren und an dem eigentlichen Text des Beitrags zu arbeiten. Er erstellt einen inhaltlichen Aufnahmeplan und einen Drehplan für die Technik. Zu vereinbarten Zeiten trifft er sich mit dem bestellten Aufnahmeteam (Kamera, Ton, Licht) und bespricht sein thematisches Anliegen mit dem Kameramann. Der Fahrdienst des Senders bringt sie alle zu den Drehorten. Die Interviews werden aufgenommen (Film 16mm) und im Sender zur Entwicklung weitergegeben. Durch entsprechende interne Kennzeichnung findet das Filmmaterial zurück zu der Redaktion. Der Redakteur beginnt mit der Sichtung und legt fest, welche Ausschnitte/Aussagen er benötigt. Im Schnittraum werden seine Vorgaben auf sog. Takes (zusammenhängende Filmausschnitte) geschnitten und zur Filmkonvertierung weitergeleitet. Aus dem Musikarchiv wird eine passende Musik zur Unterlegung des Beitrags ausgesucht. Das konvertierte Filmmaterial wird an die Regie zur Produktion des Beitrags im Fernsehstudio weitergeleitet.

Abb. 1.6 Bildregie im Studio Nürnberg 1974 (Quelle: BR)

An dem Produktionstermin mit der Regie werden im Studio die Bestandteile zu einem kompletten Beitrag zusammengefügt: Der Text wird vom Sprecher gelesen, der Beitrag mit Musik unterlegt, die Interviews und das Archivmaterial verbunden. Der fertige Beitrag wird an den für die jeweilige Nachrichtensendung zuständigen Redakteur (Chef vom Dienst) geleitet und bspw. in einer Magazin-Sendung verwendet. Der Moderator schreibt dazu seine Anmoderation (Text), die er dann vom Blatt in der Sendung abliest.

Das Beispiel ist zwar sehr vereinfacht, zeigt aber gut die Produktionsabläufe für einen kurzen Beitrag. Bis dieser Beitrag fertig wurde, sind zwei bis drei Tage vergangen und das Filmmaterial passierte zahlreiche Stationen, bis es für die Sendung geeignet war. Damals war die Fernsehproduktion analog, das heißt dass die Texte mit Schreibmaschine geschrieben wurden, die Filmaufnahmen auf analogen Geräten erfolgten und der Redakteur ununterbrochen mit der ihm in Detail nicht vertrauten komplexen Technik zu tun hatte. Für seine Arbeit beanspruchte er die technische Hilfe von Spezialisten (Kamera-Aufnahmen, analoges Film-Schnitt, Studioaufnahmen usw.), die ihm die technischen Arbeitsschritte abnahmen und die Illusion erzeugten, dass zu seiner Arbeit Technik nicht gehört. Das Filmmaterial wurde mit Transportboten innerhalb des Hauses manuell hin und her bewegt. Auch der Redakteur musste alle Stellen (z. B. Archive) im Hause zu Fuß erreichen.

Medienproduktion im Fernsehen (aktuell)
In der Fernsehnachrichten-Redaktion eines privaten Senders wird in der täglichen Redaktionskonferenz um 10.00 Uhr besprochen, über welche aktuellen Themenbereiche in den kommenden Stunden berichtet werden soll. Die Themen werden verteilt und die Termine für die Sendung festgelegt. Dank der Qualitätssicherung sind die Produktionsabläufe festgelegt und unterliegen ständiger Kontrolle, sodass sich die Redaktion mit Produktionsablaufproblemen nicht selbst befassen muss. Nach der Themenverteilung werden die Beiträge inhaltlich grob umrissen und die Sendezeiten festgelegt.

Um einen Vergleich mit der historischen Betrachtung zu ermöglichen, verfolgen wir auch in diesem Beispiel einen Beitrag, in dem es um die Hintergründe zu einem aktuellen politischen Ereignis geht. Die verantwortliche Redakteurin kehrt an ihren Arbeitsplatz zurück und beginnt die Recherche. Dank des verwendeten Redaktionssystems kann sie in den Modi *Search* (Stichwortsuche), *Research* (Kontextsuche) und *Advanced Research* (Kontextanalyse) ihre Suche zeitnahe realisieren und dank der Anbindung des Redaktionssystems an ein Redaktionsportal (externer Anbieter) kann sie auch auf Big Data zugreifen, wobei sie heute vor allem weltweite Blogs und ihre Auswertung im dem externen Portal interessieren. Sie betrachtet die statistischen und inhaltlichen Auswertungen und vergleicht sie mit weltweit zugänglichen Experten-einschätzungen. Sie sichtet auch das freigegebene Filmmaterial (digitales Archiv), wobei sie sowohl andere Sender, Agenturen als auch *User*

Generated Content (z. B. Handy-, bzw. Smartphone-Videoaufnahmen) ausgiebig durchsucht.

Abb. 1.7 Bildregie im Südwest Rundfunk aktuell (Quelle: SWR)

Nach ca. einer Stunde hat sie die wesentlichen Fakten, Daten und das Material zusammen und beginnt mit der Story. Es bleibt keine Zeit, um mit Experten persönliche Interviews vor Ort zu machen. Dank einer gespeicherten Experten-Kontaktliste kann sie rasch passende Experten ausfindig machen und sie per Videokonferenz von ihrem Arbeitsplatz befragen. Aufnahmen legt sie als Dateien auf einem File-Server ab. Etwa drei Stunden nach der Auftragserteilung ist auch der Text der Story als Datei fertig und wird im Studio vom Sprecher aufgenommen. Den Termin hat die Redakteurin zwar vorher bei der Dispo per Mausklick reserviert, aber sie hätte den Text auch selbst in dem frei zugänglichen kleinen Tonstudio aufnehmen können. Die Verfügbarkeit des Raums wäre in dem Redaktionssystem sichtbar. Es wäre natürlich auch möglich, in der Sendung „live" aufzutreten, dies war aber heute nicht geplant. Der fertige Beitrag wird an den für die jeweilige Nachrichtensendung zuständigen Redakteur (Chef vom Dienst) weitergeleitet und in der

Sendung verwendet. Der Moderator muss dazu seine Anmoderation (Text) erstellen, die er dann vom digitalen Prompter in der Sendung (live) abliest. Mit einem sog. „Playout" (Distribution als HDTV, Streaming im Internet und Speicherung auf dem Archivserver) endet der Arbeitsprozess an dem Beitrag. Unsere Redakteurin hat im Wesentlichen ihr mit Computer- und Netzwerktechnik ausgestattetes Büro nicht verlassen.

Aus den hier vereinfacht dargestellten Beispielen sind bereits sehr komplexe Prozessabläufe ableitbar, die uns erlauben, das System der Produktion zu reflektieren: Nach der Planung beginnt die Recherche, dann folgt die Beitragserstellung (Aufnahmen, Schnitt, Studioproduktion). Die Beitragserstellung lässt sich in zwei Unterschritte einteilen, in die eigentliche Erstellung des Sendematerials (Produktion, z. B. Aufnahmen mit Kamerateam, Studioaufnahmen usw.) und in seine Nachbereitung (Postproduktion, z. B. Schnitt, Farbkorrektur, Nachvertonung usw.). Der fertige Beitrag wird vom Sender „ausgestrahlt", es findet eine digitale Distribution (Streaming, Upload usw.) des fertigen Beitrags an das Publikum statt. Diese Prozessschritte gelten prinzipiell für die Produktion in den 70er Jahren und heute. Aufgrund des Vergleichs der Produktionsabläufe können wir behaupten: Medieninhalte werden mit Hilfe von Technik in einem organisatorisch festgelegten Rahmen geplant, erstellt und verteilt. Wir sehen diesen Zusammenhang in der Abb. 1.8, die beiden dort dargestellten Produktionsprozesse sind stark vereinfacht.

Für die Modellierung eines Produktionssystems sind (und waren) stets sehr detaillierte Angaben (bis hin zu Baugruppen und Software-Modulen) notwendig. Fachunternehmen, die Systeme nach dem Bedarf der Broadcast-Branche planen, programmieren, zusammenstellen und installieren, müssen in der Lage sein, die Leistungsfähigkeit der einzelnen Komponenten schon während der Planung zu prüfen. Nach der Installation erfolgt die Wartung. Das System darf nicht anfällig für Störungen sein, d. h. zu keinem Zeitpunkt des Betriebes darf das Produktionssystem in Teilen oder im Ganzen ausfallen. Das

Produktionssystem muss daher in das vorhandene Gesamtsystem angepasst werden, wobei zahlreiche Schnittstellen (Hardware/Software) notwendig sind. Da es sich um ein soziotechnisches System handelt, ist von Anfang an die humane Komponente zu integrieren, wobei Qualifikationsmaßnahmen unerlässlich sind. Das geht mit einem hohen Bedarf an technischer Weiterbildung einher und bedarf einer umfassenden Unterstützung in der Anfangsphase, aber auch darüber hinaus (Support).

In der Abb. 1.8 handelt es sich um ein strukturales Konzept in dem die Systemelemente durch Relationen verbunden sind. Bei der Darstellung von Arbeitsabläufen (Workflows) ist das strukturelle Konzept für das Aufdecken der Zusammenhänge sehr bedeutend. Wir könnten aber auch das funktionale Konzept nutzen, um Inputs und Outputs festzuhalten. Das hierarchische Konzept würden wir zur Darstellung der Abhängigkeiten und der Zuordnung der jeweiligen Subsysteme zum Gesamtsystem der Produktion nutzen und dabei ihre Rolle im übergeordneten Suprasystem darstellen. Da Produktion stets mit anderen Gesamtsystemen gekoppelt ist (z. B. System der Energieversorgung des Senders, Netz-Infrastruktur oder sogar das System Werksicherheit oder gar der Wasser- und Abwasserversorgung) erhalten wir auf diese Weise eine hierarchische Sicht auf das Gesamtsystem der Medienproduktion.

In beiden Beispielen bestehen die Produktionssysteme aus einer technischen Komponente und aus einer sozialen Komponente. Obwohl dies in der Grafik nicht speziell visualisiert ist, sind beide Komponenten leicht auszumachen. Dies ist für jedes Element notwendig. Wenn wir genauer das Element Schnitt betrachten, sehen wir zunächst die technische Komponente: ein computerbasiertes Schnittsystem (Hardware/Software) mit Netz-Anbindung an Fileserver. Hier ist die Hierarchie der Sachsysteme nach Ropohl eine gute Hilfe für eine systematische Darstellung. Von dort werden Rohdaten mit einem von der Redaktion erstellten Schnittprotokoll geladen und bearbeitet.

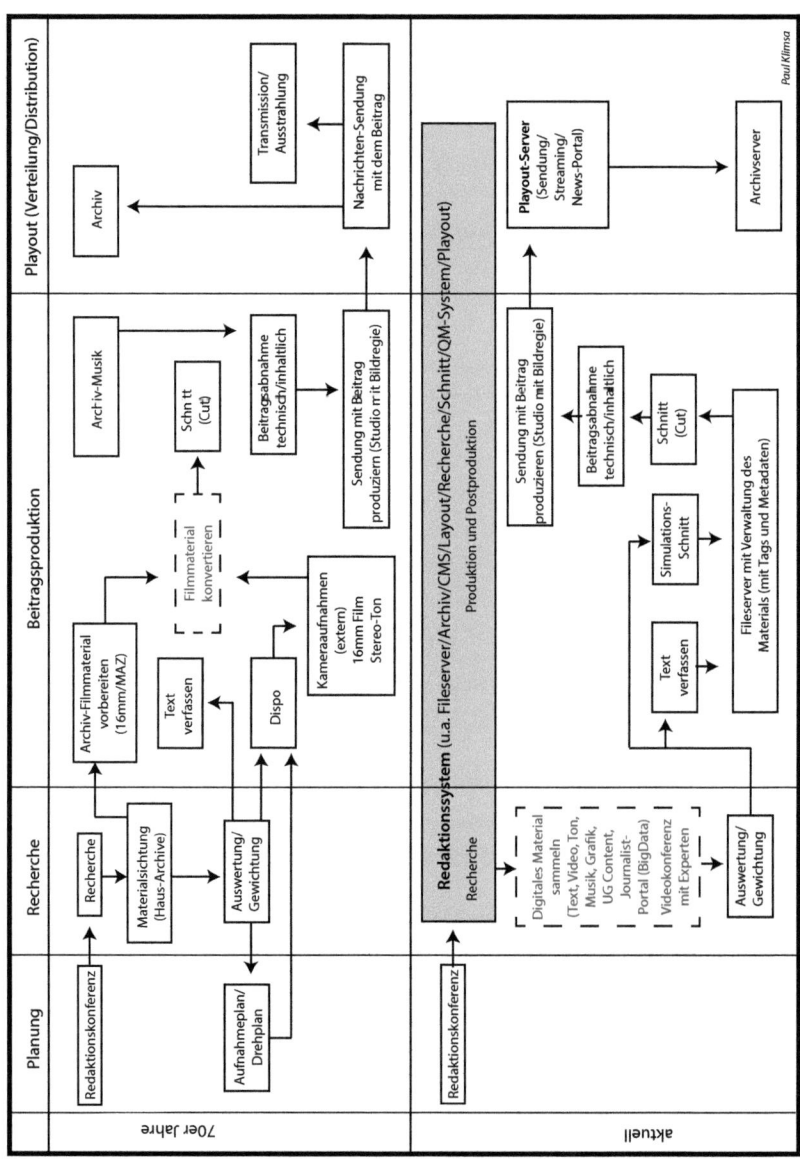

Abb. 1.8 TV-Produktionsablauf früher (analog) und heute (digital)

Die fertige Arbeit wird mit einer eindeutigen Kennzeichnung (Tag) auf dem Fileserver gespeichert. Die humane Komponente besteht aus den Mitarbeiterinnen und Mitarbeitern der Redaktion, die dank grundlegender Schnittkenntnisse die Daten vorbereiten, eine Schnittliste (Edit List: EDL) für selektierte Rohdaten anfertigen und an den Cutter weiterleiten. Der Cutter bzw. die Cutterin müssen über eine entsprechende technische Ausbildung verfügen, damit sie das Rohmaterial in der Farbe angleichen (Farbkorrektur) oder in einem passenden Farbraum konvertieren, sie müssen den Video-Schnitt beherrschen und mit Video- und Audio-Formaten sowie mit entsprechenden Codec (Algorithmus zu Komprimierung-/Dekomprimierung der Daten) umgehen. Für die Vollständigkeit der Darstellung des soziotechnischen Systems müssen alle Interaktionen beider Subsysteme beschrieben werden. Am Ende ist die Beschreibung eines einzigen Systemelementes verständlicherweise sehr umfassend. Aber erst eine solche detaillierte Betrachtung gibt uns die Möglichkeit, die Funktionsweise der Elemente zu begreifen, ihre Verbindungen untereinander aufzuzeigen und dadurch die bestehenden und entstehenden Potenziale, aber auch Probleme zu erkennen. Nur auf diese Weise ist die Modifikation der Elemente möglich und damit letztendlich die Sicherung der Produktionsqualität.

Planung, Recherche, Produktion und Playout (Distribution) sind strukturierende Prozessschritte der Medienproduktion im Fernsehen. Wie sieht das in anderen Branchen aus? Zum Vergleich schauen wir uns die Filmproduktion an.

Die Produktionsphasen des Films beginnen mit der Stofffindung. Entweder wird eine literarische Vorlage genutzt oder ein Drehbuch ausgesucht. Wird eine neue Idee gefunden, muss ein Drehbuch erst realisiert werden. Da bei der Stofffindung in der Regel kaum Geld ausgegeben wird, ist sie allen anderen Phasen der Produktion vorgeschaltet. Erst wenn eine Geschichte (Story) steht, können weitere Produktionsschritte ausgeführt werden. Es folgen die Vorproduktion (*Preproduction*, d. h. alle Schritte der Produktionsvorbereitung), die

Produktion (*Production*, d. h. die Dreharbeiten am Set) und die Postproduktion (*Postproduction*, d. h. alle Schritte der abschließenden und endgültigen Filmproduktion). Da die Stofffindung und die Vorproduktion sehr eng zusammenhängen, lassen sie sich in einem Prozessschritt zusammenfassen. Zunächst wird der Stoff zur Verfilmung gesucht und zu einem ersten Drehbuch entwickelt. Nur mit einem Drehbuch lässt sich das sog. *Packaging* (die künstlerische Konstitution des Films, d. h. das Zusammenbringen der Regie und der Hauptdarsteller) umsetzen und dadurch finanzielle Mittel für die Filmproduktion gewinnen. Erst wenn die Finanzierung geklärt ist, wird die tatsächliche Preproduktion eingeleitet (Abb. 1.9).

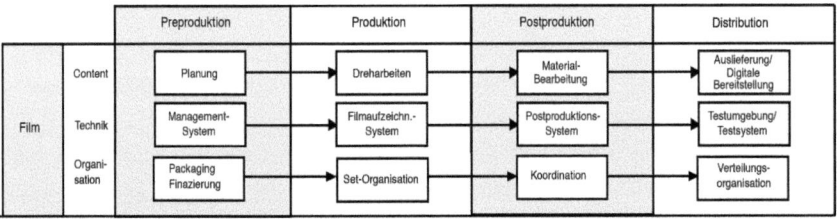

Abb. 1.9 Produktionsphasen des Films

Die Dreharbeiten verlaufen nach dem gleichen Prinzip: erst die Stellproben der Darsteller am Drehort, dann der Aufbau der Kamera und Lichttechnik sowie Maske/Kostüme für die Darsteller und Aufnahme der jeweiligen Szene. Es ist üblich bei Fernsehfilmen die Szenen fünf bis acht Mal zu wiederholen; beim Kinofilm wiederholt man oft bis zu 20 Mal. Stanley Kubrick, der eine Szene oft bis zu 50 Mal wiederholte, war in der Film-Branche dafür gefürchtet, aber das war eher eine Ausnahme. Nach den Dreharbeiten setzt die Phase der Postproduktion an, die mehrere Monate dauern kann. Der Film wird geschnitten, mit speziellen digitalen Effekten versehen, synchronisiert, mit Sounds und Filmmusik vertont. In den meisten Fällen hat nicht der Regisseur das Recht des *Final Cut*. Das Produktionsstudio, bzw. der Produzent behält sich vertraglich das Recht des Endschnittes der Vertriebsversion vor, obwohl der Regisseur oft die künstlerische Einflussnahme auf das Endprodukt behalten darf. Die Entstehung einer digitalen „Vorführkopie" schließt den eigentlichen Prozess der

Postproduktion ab. Verwertungsprozess und Marketing beginnen allerdings nicht erst jetzt, sondern schon viel früher. Der Kinoerfolg entscheidet über andere Verwertungsmöglichkeiten (Merchandising, Soundtrack, DVD-Verkauf, Videoverleih, Computerspiele usw.). Der Kinostart wird jeweils an ein Wochenende gelegt, um die Verkaufszahlen zu erfahren und eine Verkaufsprognose zu erstellen. Die Digitalisierung beherrscht dabei den Herstellungs- und Verwertungsprozess des Films. Die Prozessschritte in der Filmproduktion sind keineswegs linear. Der Verwertungsprozess beginnt eigentlich schon mit dem *Packaging* (Festlegung auf einen Regisseur und die Hauptdarsteller) in der Phase der Preproduktion. Sounddesign und Musik werden oft ebenfalls in dieser Phase realisiert, normalerweise aber erst in der Postproduktion. Zudem verläuft jede Filmproduktion für das Kino trotz der wiederholbaren Prozessabläufe höchst individuell.

Damit wir alle Prozesse der Medienproduktion in den unterschiedlichen Medienbranchen untersuchen und vergleichen können, benötigen wir jedoch ein medienübergreifendes Modell der jeweiligen Produktionsprozesse. Lassen sich so unterschiedliche Prozesse der Medienproduktion, wie digitale Spiele, Musik, Film oder TV-Produktionen mit einer einheitlichen Systematik beschreiben? In der industriellen Produktion unterscheidet man die Phasen der Vorbereitung, der Aufbereitung, der Nachbereitung und der Verbreitung.

Vergleicht man die Fernsehproduktion mit der Filmproduktion, so fällt es auf, dass generell gleiche Produktionsphasen in beiden Medienbranchen zu finden sind. Es sind stets die Phasen der Vorproduktion oder der **Preproduktion** (die Stofffindung, das Drehbuch, der Drehplan, das *Packaging* usw.), der **Produktion** (Dreharbeiten, Bühnenaufbau usw.), der **Postproduktion** (digitale Effekte, Computereinsatz usw.) und schließlich **der Distribution** (Verteilung, Sendung usw.). Die Produktion im Fernsehen wird auf einer gemeinsamen Abstraktionsebene, wie die im Kinofilm, systematisiert: Planung und Themen-Recherche gehen der Produktion voraus und lassen sich als Vorproduktion (Preproduktion) zusammenfassen. Es folgen die Produktion (Erstellung des Materials) und die Postproduktion (Modifikation des Materials). Am Ende wird das Medienprodukt über ein Vermittlungssystem digital verteilt (Distribution). Zum einen werden in den Produktionsprozessen Inhalte (Content) generiert, zum anderen wird in allen Phasen der Produktion spezifische, mediengereichte Technik eingesetzt. In der Abb. 1.10 sehen wir eine Übersicht der Produktionsprozesse ausgewählter Medien.

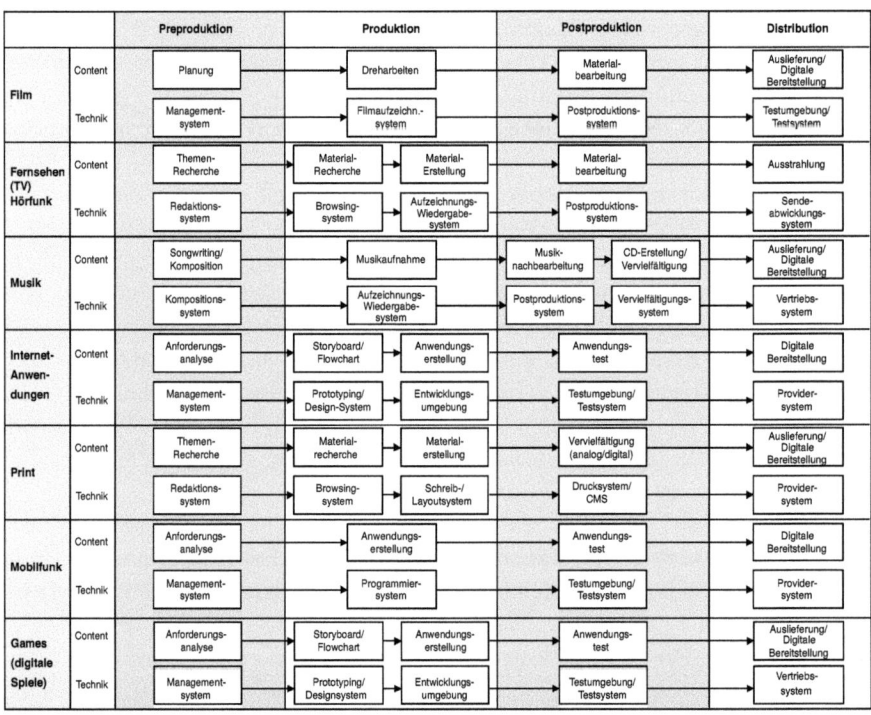

Abb. 1.10 Produktionsprozesse der Medien auf einer vereinheitlicht dargestellten Abstraktionsstufe (vgl. Krömker & Klimsa 2005)

1.3.2 Elemente der Medienproduktion

Wie wir bereits zuvor gesehen haben, knüpft dieser Ansatz an die Theorie der soziotechnischen Systeme an. Zwischen Technik, Mensch, Aufgabe und Struktur ergeben sich vielfältige Interaktionen, deren Analyse als Grundlage der Modifikation von Aktionen des soziotechnischen Systems (Soziotechnik) genutzt werden kann. Änderung der Aktionen soziotechnischer Systeme können aufgrund der Mitwirkung von sozialen Komponenten nicht als deterministisch betrachtet werden. Die Technik setzt ihrerseits immer Organisationsformen oder Verfahrensweisen ihrer Nutzung voraus, um Produkte hervorzubringen. Sowohl die Organisation des Produktionsprozesses, als auch die Technik bestimmen stets die Gestalt eines Medienproduktes. Die Technik bestimmt die notwendige Organisationsform, die Organisationsform wiederum bestimmt die jeweilige Techniknutzung und beide tragen zur Entstehung eines Medienproduktes mit konkreten Inhalten (Content) bei.

Inhaltliche Intentionen der Content-Produzenten werden durch die verwendete Technik und die jeweilige Organisation der Medienproduktion (*Workflow*) entscheidend beeinflusst. Am Ende entsteht kein Produkt nur nach den ursprünglichen inhaltlichen Intentionen des Autors. Es entsteht ein Produkt, das entsprechend seiner Organisation modifiziert ist. Diese organisatorische Modifikation an verschiedenen Stellen des Produktionsprozesses kann (muss aber nicht) den Content-Produzenten bewusst sein. In der Produktionspraxis wird sie genauso oft in allen ihren Implikationen unterschätzt, wie später auch in der wissenschaftlichen Reflexion. Die Untersuchung von Content, Technik und Organisation setzt jeweils drei Ebenen der Betrachtung voraus – die Mikroebene, Mesoebene und Makroebene.

Demnach lassen sich bspw. folgende Perspektiven analysieren:

Organisation
- übergeordnet, z. B. Internet, WWW

- institutionsbezogen, z. B. Institution als Organisation, Schule, Universität, Bildungsinstitut usw.
- Produktionsprozesse/Workflow, konkrete Arbeitsschritte und -abläufe, z. B. Ablauf der Anwendungserstellung

Technik
- komplexe technische Systeme, z. B. Netzwerke, Content-Management-System (CMS)
- Gerätetechnik, Server usw.
- Technische Bau- bzw. Bestandteile, z. B. Raid-Festplatten usw.

Content
- übergreifendes Programmangebot, z. B. Online-Lern-System, Nachrichtensendung
- Inhaltscontainer, z. B. Format, Bild usw.
- Medienelement, z. B. Text, Pixelbild, Ton in einer binären Repräsentation

Ein Medienprodukt steht im Spannungsfeld der drei Elemente, aber damit erschöpft sich ihre Komplexität noch nicht. Die Medienproduktion erfolgt nicht in einem isolierten Rahmen, sondern sie vollzieht sich in einer spezifischen Umgebung, in der zahlreiche Einflüsse bzw. unterschiedliche Wechselwirkungen möglich sind. Das Rechtssystem bestimmt die Eigentumsrechte an den Medienprodukten, legt presserechtliche Gegebenheiten fest (z. B. Einflussnahme des Staates, Zensur usw.) und bestimmt inhaltliche bzw. organisatorische Möglichkeiten der Medienproduktion (Meinungsfreiheit, Wirtschaftsordnung usw.).
Die Politik oder Interessengruppen können direkt oder indirekt Einfluss auf die Inhalte der Medienprodukte nehmen. Die Gesellschaft und die Wirtschaft sind weitere relevante Faktoren, die Medienprodukte beeinflussen. Eine Analyse der Medienproduktion wäre daher ohne Fokussierung einzelner Bereiche wenig präzise. Letztendlich hängt jedoch von der jeweiligen Fragestellung ab, welche Einflüsse wie tiefgreifend betrachtet und reflektiert werden.

> **Content, Technik und Organisation**
> Medienprodukte entstehen in einem Produktionsprozess, in dem Inhalte (Content) mit Hilfe der Technik in einem Organisationsprozess (Workflow) erstellt oder miteinander verknüpft werden. Dieser Zusammenhang der Elemente Content, Technik und Organisation wird zudem von Einflussgrößen des Umfelds (Gesellschaft, Politik, Wirtschaft usw.) bestimmt. Ein ganzheitlicher und interdisziplinärer Forschungszugang ist effektiv, um die Einflüsse, Abhängigkeiten, Zusammenhänge etc. aufzudecken. Das soll nicht heißen, dass man die Elemente **Content, Technik und Organisation** alle gleichzeitig bzw. vollständig erfassen muss. Ausblendungen bzw. Fokussierungen sind je nach Erkenntnissinteresse oder je nach der gestellten Forschungsfrage notwendig. Es ist mit einer neuen oder mit einer modifizierten Fragestellung stets möglich, die fehlenden Erkenntnisse zu erfassen und zum Wissensbestand hinzuzufügen, womit sich eine fruchtbare Fortführung, Ergänzung bzw. Revision der Forschungsbemühungen ergibt.

Welche Rolle spielen die einzelnen konstituierenden Elemente in der Medienproduktion? Zunächst müssen wir die Elemente einzeln definieren und beschreiben.

Content
Content ist nicht einfach Inhalt. Natürlich geht es in der Medienproduktion darum, dass Medienprodukte entstehen, die ihre Aufgabe der Kommunikation (Verständigung, Austausch, Information, Wissen usw.) erfüllen können. Sprach man noch vor 30 Jahren von der Zeitung oder vom Fernsehen, so stand in der Forschung die Analyse der Inhalte im Vordergrund. Wer schreibt was, für wen, mit welchen stilistischen Mitteln und durch welche Medien erfolgt der Inhaltstransport? Diese Fragen gehen auf die bereits erwähnte Lasswell-

Formel zurück, die seit 1948 die sozialwissenschaftliche Medienforschung stark beeinflusst. Im Zuge der Digitalisierung der Medien ist die Bedeutung der Lasswell-Formel bei der Untersuchung der Kommunikationsprozesse jedoch reduziert. Heute sind Inhalte digital und die Rolle der Medienproduzenten (ob Journalisten oder Medientechniker) hat sich wesentlich gewandelt. Neben der inhaltlichen Dimension ist im Zuge der Digitalisierung die technische Dimension des Contents deutlich geworden. Natürlich waren auch früher Inhalte von der Produktionstechnik abhängig. Ein Beitrag im Fernsehen oder ein Beitrag in der Zeitung waren durch die verwendete Technik und die technischen Produktionsverfahren nie gleich. Durch die Digitalisierung ist jedoch der Austausch des Contents zwischen unterschiedlichen Medienplattformen unerlässlich und damit auch die genaue technische Klassifizierung, wie sie von nationalen und internationalen Standards vorgenommen wird. Vergleicht man die Festlegungen unterschiedlicher Standardisierungs-Organisationen, so lässt sich ableiten, dass Content aus Essenzen (essences) besteht und durch Metadaten beschrieben wird. Essences sind jeweils die dem Content zugeordneten digitalen Medien (Text, Bild, Video, Audio, Grafik oder deren multimediale Kombination auch in Form einer Anwendung). Metadaten beschreiben die Essences administrativ oder deskriptiv und erlauben damit den Zugriff auf die Daten (vgl. DIN EN 62261). Content darf zudem nur dann verwendet werden, wenn die Nutzungsrechte dazu vorliegen. Liegen die Rechte vor, spricht man von Assets. Die Zusammenhänge sind in der Abb. 1.11 zu sehen.

Die technische Dimension des Contents ist ohne die wirtschaftliche Dimension nicht denkbar. Qualifizierte Inhalte der Medienprodukte sind als Content mit den notwendigen Nutzungsrechten normalerweise ausgestattet. Es hängt von der gewählten wissenschaftlichen Perspektive ab, ob wir vom Content oder vom Asset sprechen.

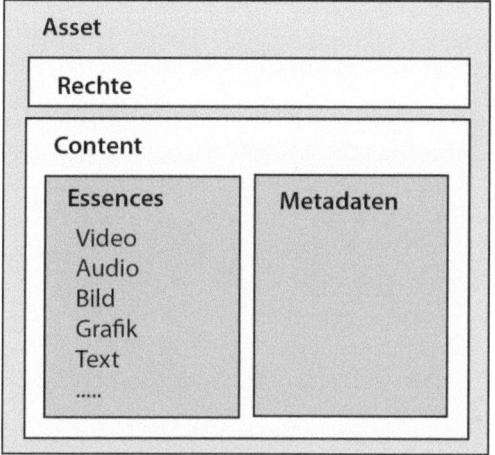

Abb. 1.11   Technische und wirtschaftliche Dimension des Content

Medienproduktionselement **Content**
Der aus der englischen Fachliteratur in Deutschland übernommene Terminus Content bezeichnet den qualifizierten Inhalt der Medien. Content ist als inhaltliche Zusammensetzung medialer Produkte begreifbar. Mediale Produkte sind ein Ergebnis medienspezifischer Transformation des Contents. Sie entstehen im Verlauf mediengerechter Produktionsprozesse. Der Begriff Content hat zwei Dimensionen: eine inhaltliche und eine technische. Inhaltlich wird Content nach Größen wie bspw. Sendeformate, Gattungen, Genres usw. klassifiziert, wobei sich grob zwei inhaltliche Felder abgrenzen lassen: Information und Unterhaltung. Die technische Dimension von Content fokussiert Essencens und Metadaten sowie Assets, sofern es um Rechte an dem Content geht.

Technik
Das Verständnis der Technik basiert hier auf der Systemtheorie der Technik von Ropohl, wobei die Produktionssysteme soziotechnische

Systeme sind, aber bei dem Blick auf die technische Medienproduktionsbasis als Sachsysteme (nutzenorientierte, künstliche, gegenständliche Gebilde) zu begreifen sind. Sehen wir uns für einen speziellen Fall (Produktionssystem im Print-Bereich) die Hierarchie des Sachsystems an. Die Grundlage bilden binäre Daten, die aggregiert in Dateien organisiert sind. Die Dateien (Texte, Pixelbilder im CMYK-Farbraum, Grafik, Postscript-Schriften) werden auf einem Rechner mit entsprechenden Softwarewerkzeugen (Bildbearbeitung, Textverarbeitung, Layoutsoftware) für den Druck vorbereitet. Mit einem Proof (Prüfabzug) wird die Farbausgabe simuliert und eventuell die Farbe korrigiert. Sodann wird die Druckdatei separiert (für den Farbdruck vorbereitet) und auf einer Druckplatte ausgegeben. Die Druckplatte wird auf einem Offsetdrucker in der regionalen Druckerei montiert und die Abzüge produziert. Im globalen Verbund erfolgt die digitale Ausgabe auf einer Internet-Plattform. Grafisch kann man die Hierarchie des Sachsystems in Anlehnung an Ropohl (vgl. Abb. 1.4) in der nachfolgenden Abbildung (Abb. 1.12) darstellen.

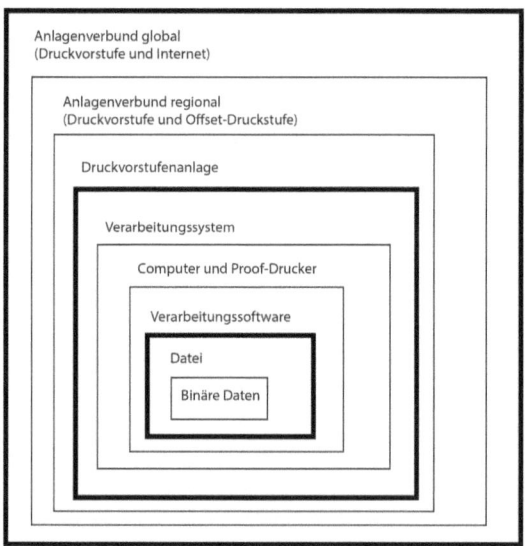

Abb. 1.12   *Hierarchie des Sachsystems in der digitalen Druckvorstufe (in Anlehnung an Ropohl 2009)*

Bei der Beschreibung der Produktion in der digitalen Druckvorstufe handelt es sich um einen Prozess, der sich auch als strukturales Konzept (vgl. Abb. 1.3) wiedergeben lässt. Es handelt sich jeweils um eine andere Sicht auf das technische System. Das technische System ist von seiner Umwelt deutlich abgrenzbar.

Für die Fernsehproduktionssysteme hat Kloth (2010) die Merkmale der technischen Systeme unter dem Begriff der technischen Konvergenz (Konvergenz = Zusammenwachsen, Zusammengehen der technischen Artefakte) beschrieben, die sich auch auf andere Branchen übertragen lassen. Im Wesentlichen unterscheidet er folgende Merkmale (vgl. Kloth 2010, S. 37f.):

1. **Standardisierte IT-Hardware**
   Statt dedizierte Hardware zu nutzen, werden standardisierte Hardwarekomponenten (Grafikprozessoren, RAID-Festplatten, Bussysteme) verwendet, die sich zu komplexen Systemen verknüpfen lassen.
2. **Software-intensive Systeme**
   Nicht die Hardware ist auf die Verarbeitung von digitalen Medien spezialisiert, sondern die Software. Damit ist eine wesentliche Steigerung der Verarbeitungsmöglichkeiten gegeben.
3. **Dienstneutrale Netzwerke**
   Dienstneutrale IT-Netzwerke ermöglichen einen Daten- und Informationsaustausch zwischen unterschiedlichen Anwendungen im Rahmen der vorgegebenen Aufgaben.
4. **Technische Vernetzung**
   Vernetzung der Systeme über dienstneutrales IT-Netz, sodass Datenbanken, Speicherserver usw. gemeinsam genutzt werden können.
5. **Systemintegration und Middleware**
   Logische Verknüpfung der Produktionsbestandteile mit Hilfe von Softwaresystemen (Middleware), die eine Reihe von Schnittstellen aufweisen und damit eine interoperable Kommunikation zwischen den verknüpften Bestandteilen ermöglichen.

6. **Workflow-Automatisierung und Management-Systeme**
   Wiederkehrende Produktionsabläufe können mit Hilfe von Management-Systemen automatisiert werden.
7. **Prozessorientierte Systementscheidungen**
   Entscheidungen betreffen nicht mehr die einzelnen Bestandteile, sondern das gesamte System.

Die Konvergenz bedeutet auf dem Gebiet der Technik, dass bislang getrennte Bereiche durch Innovation zusammenwachsen oder verschmelzen. Durch die Digitalisierung ist es möglich, dass IT-Infrastruktur, Dienste, aber auch Endgeräte gegenseitig Funktionen und Aufgaben voneinander übernehmen oder sic auf neue Weise kombinieren können. Einem Anwender ist gar nicht bewusst, welche IT-Infrastruktur er nutzt, um mit seinem Smartphone über die verfügbaren Dienste mit der Umwelt zu kommunizieren.

Ist genug Bandbreite verfügbar, merkt er nicht, ob er im Mobilnetz oder im WLAN seine bevorzugten Dienste nutzt und woher seine Daten geladen werden (Cloud, Firmenserver, Laptop). Auch Endgeräte konvergieren, so bspw. verschmelzen Fernsehgeräte mit dem Computer (HbbTV) und werden zu Internet gebundenen Geräten. Allerdings ist im Bereich der Endgeräte auch eine weitere Tendenz zu sehen, die dazu führt, dass neue Endgeräte entwickelt werden (Diversifikation). Smartphone oder Tablet-PC sind hier zwei Beispiele, die allerdings eine unübersehbare Konvergenz zu bisherigen Computern zeigen.

Die Konvergenz der technischen Systeme führt nicht zur Vereinfachung der Produktionsabläufe. Sie führt konsequent zur Steigerung der Komplexität der Systeme und stellt erhebliche Anforderungen an die Planung und Entwicklung von sowohl organisatorischen als auch technischen Schnittstellen (vgl. Kloth 2010, S. 38).

> Medienproduktionselement **Technik**
> Technik wird hier vor allem als eine Reihe von technischen Voraussetzungen verstanden, die für die Erzeugung von Medienprodukten notwendig sind. Technische Produktionssysteme als Sachsysteme sind stets ein Teil (Subsystem) der soziotechnischen Systeme (technisches und humanes Subsystem). Sie setzen sich aus Grundbausteinen, Zusatzbausteinen und Komponenten zusammen und bilden eine funktionale Einheit.
>
> In der Forschung können wir unseren Blick auf die Hierarchie der Sachsysteme richten oder ihre funktionalen Zusammenhänge untersuchen. Ein Merkmal der technischen Sachsysteme ist zurzeit ihre Konvergenz, die durch Digitalisierung vorangetrieben wird. Die Konvergenz der Technik hat Auswirkungen auf den Content.

Organisation
Der Begriff der Organisation bedeutet in der Medienproduktion, dass es sich entweder um eine Institution der Medienproduktion (ein Gebilde wie z. B. eine öffentlich-rechtliche Sendeanstalt) oder um die Handlung des Organisierens konkreter Produktionsabläufe handelt (Prozess). Die Organisation als Gebilde bestimmt zwar den Rahmen der Produktion der Medien, entscheidend für unsere Betrachtung sind aber die Medienproduktionsprozesse, d. h. die medienspezifischen Workflows. Produktion wird dabei verstanden als ein Prozess in dem der Mensch mit Energie, Arbeitskraft und Werkzeugen (Produktionsmitteln) Rohstoffe (Ausgangsprodukte) zu dauerhaften (lagerbaren) (Wirtschafts-)Gütern transformiert. Organisation und Produktion erfassen demnach unterschiedliche Bereiche, auch wenn es sich natürlich um überschneidende Gegenstandsbereiche handelt (Abb. 1.13).

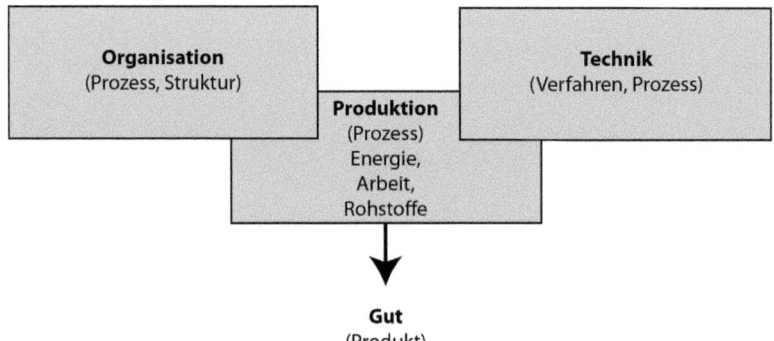

Abb. 1.13   Organisation, Technik und Produktion

Die beispielhaften Workflows der Medienproduktion im Fernsehen haben wir bereits näher betrachtet (vgl. Kap. 3.1). Die Abbildung 1.8 zeigt die Produktionsabläufe und die Zusammenhänge zwischen den Produktionsschritten. Workflows bestehen aus einzelnen Arbeitsschritten und können zu komplexeren Aktivitäten (Prozessschritte) auf der Ebene der Betriebseinheiten zusammengeführt werden. Diese Aktivitäten lassen sich auf einer übergreifenden Unternehmensebene als Teil der Geschäftsprozesse abbilden (vgl. Kloth 2010, S. 25). Man kann auch andere Klassifizierungen in der Literatur finden. In seiner Studie „IT-Integration in der Broadcast-Industrie" geht Kloth von Management-Prozessen, Kernprozessen und unterstützenden Prozessen aus. Die Kernprozesse unterteilt Kloth (2010, S. 26) in Logistikprozesse sowie verfahrenstechnische (Umformung des Materials) und fertigungstechnische Produktionsprozesse (Bearbeitung von Material). Damit knüpft Kloth an die Formen der industriellen Produktion an, die zwischen Fertigungstechnik (Produktion zählbarer Teile), Verfahrenstechnik (Verarbeitung von Rohmaterialien) und Prozesstechnik (Produktion von Mengen) unterscheidet.

Die Konstitution der Organisationsformen der Content-Produktion diskutieren Sydow & Windeler (2004). Sie heben insbesondere vier Argumente hervor (ebd., S. 12):

1. Die Wahl der Organisationsform der Content-Produktion ist hochgradig kontingent. Die Produktionsorganisation lässt sich nicht allein durch Inhalte, Technik, Marktstruktur oder Investitionen bestimmen. Die Digitalisierung der Technik bewirkte bislang nicht, dass die Produktionsorganisation für alle Branchen gleich geworden ist.
2. Produktion ist nicht durch eine einzige Organisationsform gekennzeichnet. Auch wenn es eine dominierende Form gibt, gibt es immer weitere Organisationsformen, die überlagert oder ergänzt werden.
3. In der Praxis verwischen die Grenzen zwischen den Organisationsformen. So sind die Unterschiede der Produktionsorganisation zwischen zentral und dezentral geführten Unternehmungen keineswegs augenscheinlich. Auch in zentral geführten Medienunternehmen sind unabhängige, dezentrale Produktionsformen möglich.
4. Die Organisation der Content-Produktion erfordert von den Handelnden eine hinreichende Übereinstimmung des Verständnisses was und wie man produzieren will.

Der Blick auf die Organisation der Content-Produktion kann sehr vielfältige Perspektiven einnehmen. In ihrem Aufsatz unterscheidet Sjurts (2004, S. 19) zwischen Eigenfertigung (Medienprodukte werden durch ein Medienunternehmen selbst produziert), Marktbezug (die Herstellung der Medienprodukte wird durch Beauftragung von anderen Unternehmen realisiert, sog. Outsourcing) und kollektiven strategischen Handeln (womit die Kooperation von mehreren Unternehmen gemeint ist). Wir können noch die vierte Form hinzufügen, den Kauf von fertigen Medienprodukten.

Insgesamt gibt es viele wissenschaftliche Zugänge zu Fragen der Organisation der Medienproduktion. Auch wenn hier ökonomische Probleme eine Rolle spielen, wie bspw. die Finanzierung der Medienproduktion, so dürfen wir nicht die Organisation der Medienproduktion mit der Medienwirtschaft gleichsetzen, da es um sehr unterschiedliche Reflexions- und Handlungsbereiche geht.

> Medienproduktionselement **Organisation**
> Organisation ist zum einen ein Gebilde (Strukturaspekt), zum anderen die Handlung des Organisierens (Prozessaspekt). Die wissenschaftlichen Disziplinen definieren den Begriff sehr unterschiedlich: die Informatik meint eine Struktur (z. B. Rechnerarchitektur), die Soziologie meint ebenfalls eine Struktur (z. B. Institution), in der Medientechnologie kann es sich um Struktur (Netzarchitektur) oder um Prozesse (bspw. der Broadcastproduktion) handeln.
>
> Im Zusammenhang mit Medienproduktion spielt vor allem Workflow (Prozessaspekt) eine bedeutende Rolle, denn durch die Klarheit über die Zusammenhänge der jeweiligen Arbeitsschritte können wir bspw. Optimierungsvorschläge ableiten bzw. komplexe Produktionsabläufe planen.

Aus der Interaktion zwischen Content-Produktion, der Organisation der Medienproduktion und der Medienproduktionstechnik gehen Medienprodukte hervor. Zwischen den Elementen Content und Technik verläuft durch die verwendete Technik ein Transformationsprozess des Contents. Damit wird Content an das Vermittlungssystem angepasst. Hier wird auch die Konvergenz der Technik wirksam, die auf die Content-Produktion Einfluss nimmt. Aus dem Zusammenhang zwischen Technik und Organisation gehen die konkreten Produktionsprozesse (Workflows) hervor, Organisation bestimmt auch den Rahmen für die Content-Produktion und verändert die Geschäftsprozesse, die sich auf die Struktur der medienproduzierenden Unternehmen und ihre Produktionsinfrastruktur auswirken. Auch hier ist technische Konvergenz relevant.

Die Zusammenhänge zwischen den konstituierenden Elementen der Medienproduktion veranschaulicht das Modell in der Abb. 1.14:

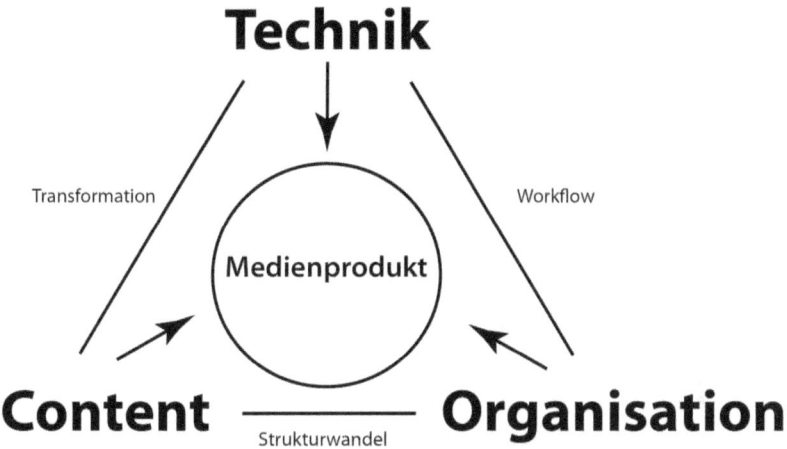

Abb. 1.14   Zusammenhang der konstituierenden Elemente der Medienproduktion

Die oben dargestellte Sicht auf die Elemente der Medienproduktion ist nicht vollständig. Im Rahmen der Systemtheorie der Technik ist es sinnvoll, nicht nur die gegenseitige Abhängigkeiten der Elemente Technik, Content und Produktion zu betonen, sondern darüber hinaus ein Modell zu entwerfen, das die Elemente der Medienproduktion mit Produktionsprozessen verknüpft und die Umwelteinflüsse berücksichtigt. Insbesondere ist die Position des Nutzers im Modell zu betonen.

Der Nutzer/die Nutzerin ist kein passiver Rezipient, sondern ein aktiver Medienkonsument, der nach seinen Bedürfnissen die Medienprodukte wählt und der gleichzeitig auch aktiv Medienprodukte durch zahlreiche Rückkopplungen gestaltet bzw. ihre Produktion beeinflusst.

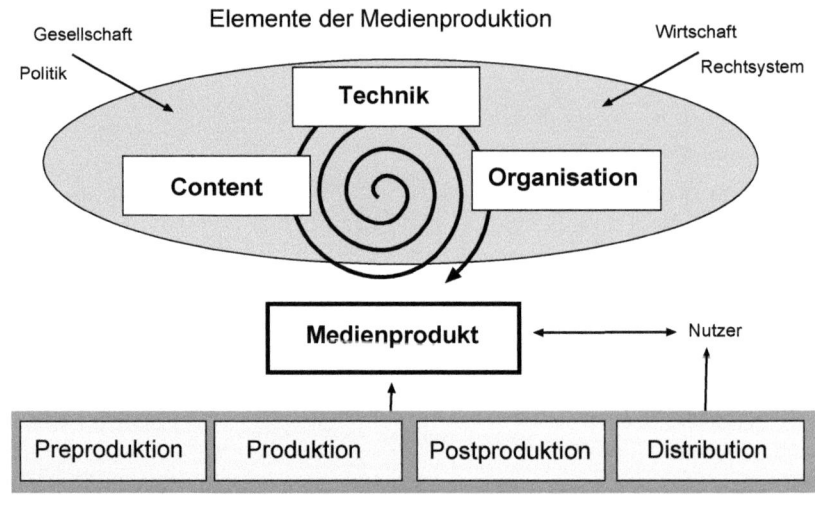

Abb. 1.15 Das CTO-Modell nach Klimsa 2006 (basierend auf Krömker & Klimsa 2005)

In diesem Sinne lässt sich das nachfolgende umfassende Modell von Content, Technik und Organisation festlegen. Für das Modell (Abb. 1.15) haben die Studierenden den Kurznamen „CTO " gefunden.

Zwischen den Elementen Content und Technik, Technik und Organisation, sowie Organisation und Content gibt es genuine Verknüpfungen, deren Untersuchung neue Aspekte der Kommunikation, Produktion, Organisation usw. im Feld der Medienproduktion offenbart. So konnte bspw. Boetzkes (2007) den Zusammenhang zwischen Content und Organisation verdeutlichen, in dem er feststellte, dass Nachrichten-Content in der Tagesschau der ARD wesentlich von der Organisation abhängt. Organisation ist nach Boetzkes ein weiterer Nachrichtenfaktor für die Selektion und Publikation von Nachrichten. Interpretiert man die Ergebnisse der Untersuchung von Boetzkes jedoch konsequent, so ist festzustellen, dass die Abhängigkeit des Contents von der Organisation derart ausgeprägt ist, dass die Nachrichtenwerttheorie als wissenschaftliches Konstrukt nur sehr begrenzt einen Erklärungs- und Vorhersagenwert besitzt.

In der Nachrichtenproduktion haben Journalisten noch nie theoriegeleitet die Nachrichtenauswahl vorgenommen. Da sie jedoch ihre Entscheidungen über Auswahl des Contents stets im vorgegebenen organisatorischen Rahmen treffen, ist es verständlich, dass diese Entscheidungen nie losgelöst von der Organisation (verstanden sowohl als Gebilde, als auch als Prozess) sein können.

Mit dem CTO-Modell lassen sich Konvergenzprozesse der Medien (inhaltliche und technische) erfassen, auch die Internationalisierung wird deutlich. Es ergeben sich eine Reihe von neuen Fragestellungen, die sowohl technisch-organisatorische Abläufe (Workflows) betreffen, als auch sich auf die Content-Produktion und die Zusammensetzung des Contents beziehen (vgl. Krömker & Klimsa 2005). Bei der Anwendung des CTO-Modells werden allerdings auch seine Grenzen sichtbar:

1. Wie bei anderen Modellen lässt sich nur dieser Teil der Wirklichkeit untersuchen, der das Modell abbildet. Kosiol spricht von Modellen „wenn es sich um zusammengesetzte Gedankengebilde handelt, die aus der Totalinterdependenz der Wirklichkeit abgegrenzte und übersehbare *Teil*zusammenhänge ausgliedern" (Kosiol 1961, S. 319).

2. Ein Modell muss eine sinnvolle (überprüfbare) Abbildung der Wirklichkeit leisten und eine angemessene Komplexität aufweisen. Man kann scherzhaft nach dem polnischen Kommunikationsforscher Tomasz Goban-Klas wiederholen: „Sogar zweifelhafte mentale Konstrukte, wenn man sie als Modell bezeichnet, erhalten einen wissenschaftlichen Glanz." (Goban-Klas 1999, S. 52).

3. Ein Modell muss sich in der Forschungspraxis bewähren, in dem es vor allem die Medienpraxis zu erklären und zu systematisieren vermag. Kontinuierliche Forschung ist daher unerlässlich.

Im Zeitalter der digitalen Medien brauchen wir neue Modelle mehr denn je (vgl. Klimsa 2013). Hier ist auch das CTO-Modell eine wertvolle Hilfe, denn mit alten Modellen wissenschaftlicher Disziplinen wie bspw. der auf Massenmedien fokussierten Kommunikationswissenschaft kann man die digitale Medienwelt des 21. Jahrhunderts nicht mehr angemessen erfassen.

1.3.3 Fragen und Aufgaben

1.	Erklären Sie den Unterschied zwischen einer Theorie und einem Modell!
2.	Aus welchen Gründen sind Modelle in den Wissenschaften sinnvoll?
3.	Zeigen Sie unter Anwendung der Systematik der Medienproduktion (Phasen: Preproduktion, Produktion, Postproduktion, Distribution) die Gemeinsamkeiten und die Unterschiede zwischen der analogen und digitalen Produktion von Fernsehbeiträgen!
4.	Skizzieren und erläutern Sie das Modell Content, Technik und Organisation! Welche Rolle spielen dabei äußere Einflüsse? Beschreiben Sie die Bedeutung des Nutzers/Nutzerin im Modell!
5.	Beschreiben Sie genauer Content als Element der Medienproduktion!
6.	Beschreiben Sie genauer die Organisation als Element der Medienproduktion!
7.	Beschreiben Sie genauer Technik als Element der Medienproduktion!
8.	Was bedeutet der Begriff der technischen Konvergenz?
9.	Stellen sie mit Hilfe der Systematik von Ropohl die Hierarchie des Sachsystems „digitale Druckvorstufe" dar (vgl. Abb 1.12)!
10.	Welche Vor- und Nachteile charakterisieren das Modell CTO und wissenschaftliche Modelle im Allgemeinen?

1.4 Zusammenfassung

Das Modell „Content, Technik, Organisation" zeigt die Zusammenhänge beim Entstehungsprozess der Medienprodukte. Digitale Medien entstehen radikal anders als analoge Medien und bringen einen umfassenden Wandel mit sich. Es ändern sich nicht nur die Produktionsverfahren oder die produzierten Medienprodukte, es ändern sich auch Berufsbilder und Medienbranchen. Natürlich gibt es immer noch unverändert analoge Medien: Theater oder Malerei bringen analoge Medienprodukte hervor. Aber auch im Bereich der Kunst fand Digitalisierung einen breiten Einzug, so z. B. erhielt die Fotografie neue Ausdrucksmöglichkeiten durch digitale Produktionsprozesse. Content, Technik und Organisation zeigen im Zusammenspiel Eigenschaften, die als Konsequenz zur Änderung unseres individuellen und sozialen Lebens führen. Ein System von Handlungen zu entwickeln, die das Wissen über einen Gegenstandsbereich systematisch mit anerkannten Methoden erarbeiten, publizieren und weitergeben, ist dabei die Aufgabe der Wissenschaft. Dazu benötigt die Wissenschaft Theorien und Modelle, die eine spezifische Betrachtungsperspektive der Realität erlauben. Elemente und Zusammenhänge, die eine Theorie oder ein Modell nicht benennen, sind nicht sichtbar. Die im Zuge der Digitalisierung entstandenen digitalen Medienprodukte, z. B. Smartphone oder Blog, erfordern neue wissenschaftliche Zugänge. Das Modell CTO macht keineswegs andere Forschungsbereiche überflüssig, es macht aber deutlich, dass eine neue Perspektive auf die digitalen Medien notwendig geworden ist. So muss bspw. die Rolle des Nutzers im Medienproduktionsprozess neu bewertet werden. Nutzer digitaler Medienprodukte sind keine Rezipienten, die sich lediglich auf die Aufnahme der Inhalte begrenzen (auch wenn dies natürlich weiterhin leicht möglich ist). Sie können aktiv auf die produzierten Medieninhalte einwirken, bzw. eigene Medienprodukte erstellen. Die neuen Möglichkeiten haben zu einer Welle von Innovationen der digitalen Medienprodukte geführt, was in Folge die Dynamik des Medienwandels weiterhin verstärkt hat.

2 Innovation digitaler Medienprodukte

Der Begriff Innovation ist nicht „neu". Es bedeutet Erneuerung, Neuerung, Neugestaltung [<lat. innovatio> „Erneuerung"; zu novus „neu"] und taucht um 200 n. Chr. auf. Im Mittelalter finden wir das Wort „innovare" bei Dante, „innovatore" bei Machiavelli, „innovate" bei Shakespeare und „neuern" bei Luther und später abgewandelt bei Schiller (vgl. Müller 1997) wieder. In den Zeiten der Entstehung der modernen Wissenschaft im 16. und 17. Jh. sprach man häufig von „novum" bzw. unterstrich das Neue durch Verweise in Werken (z. B. der Philosoph F. Bacon im Werk „Novum Organum" oder der Kartograph Gerhard Mercator in der Weltkarte „Nova et aucta orbis terræ descriptio ad usum navigantium emendate accomodata". In der gegenwärtigen Bedeutung wurde der Begriff von J. A. Schumpeter (einem österreichischen Nationalökonomen) im Jahr 1939 in dem Werk „Business Cycles" eingeführt. Innovation bedeutet neue oder neuartige „Dinge und Kräfte", die spontan in der Wirtschaft entstehen (vgl. Schumpeter 2008). Die Produktion kombiniert vorhandene „Dinge und Kräfte", die neuartig sind oder neuartig waren. Schumpeter unterscheidet zwischen:

1. **Invention** (Ideen, Konzepte, Entwürfe, Prototypen), die vor der Markteinführung stattfinden,
2. **Innovation** (vermarktete Inventionen) und
3. **Diffusion** (Verbreitung von Innovationen),

die er als Phasen der Entwicklung von Produkten versteht. Er macht darauf aufmerksam, dass Fortschritt keineswegs eine harmonische Entfaltung bedeutet: „(....) wir müssen einsehen, dass die Entwicklung von Natur aus schief, diskontinuierlich, unharmonisch ist – dass die Disharmonie im modus operandi der Fortschrittsfaktoren selbst angelegt ist." (Schumpeter 2008, S. 110). Am Beispiel des Computers kann man die einzelnen Schritte des Innovationsprozesses nach Schumpeter verdeutlichen.

- **Invention:** Die ersten Computer (z. B. das mathematische Konzept der universellen Maschine von Alan Turing) entstanden in den 30er und 40er Jahren des letzten Jahrhunderts. Dass aus den theoretischen Überlegungen tatsächlich eine Rechenmaschine gebaut wurde, bedurfte eines Zufalls und einer besonderen Herausforderung. Die zur De-Chiffrierung der sog. Enigma (deutsche Chiffrierungsmaschine im Zweiten Weltkrieg) eingesetzte englische „Big Bomb" wurde deswegen entwickelt, da die Berechnung des jeweiligen Tagescodes die Arbeitskraft der Menschen bei weitem überstieg. „Big Bomb" war damit ein früherer Prototyp der späteren Computer.
- **Innovation:** Ab den 50er und 60er Jahren entstanden leistungsfähige Groß-Computer, die eine Folge der Nachfrage des Militärs während des sog. Kalten Kriegs gebaut wurden.
- **Diffusion:** Ab 70er Jahren setzte langsam eine breite Vermarktung von Mikro- und Mini-Computern ein (Diffusionsphase), die allerdings erst einmal eine starke Nachfrage geschaffen haben.

Diffusion in den Wirtschaftswissenschaften (nach Gabler Wirtschaftslexikon)

1. „Aus der Innovations- und Diffusionsforschung stammender Begriff, der den Prozess der raum-zeitlichen Ausbreitung einer Innovation im sozial-räumlichen System beschreibt. Objekte und Einstellungen, welche die Diffusion von Innovationen verhindern, werden als *Diffusionsbarrieren* bezeichnet (natürliche, kulturelle, psychologische Diffusionsbarrieren). Die Diffusion einer Innovation findet mittels der Adoption der Innovationen durch einzelne Individuen statt."
2. „Nach dem Grad der Diffusion einer Innovation lassen sich vier Diffusionsphasen unterscheiden (Initialphase, Expansionsphase, Verdichtungsphase und Sättigungsphase). Den unterschiedlichen Diffusionsphasen werden Adoptorkategorien zugeordnet."

(Quelle: http://wirtschaftslexikon.gabler.de/Definition/diffusion.html)

Die Innovationsforschung ist inzwischen ein fester Bestandteil der Wirtschaftswissenschaften, die allerdings mehr Berücksichtigung durch andere Disziplinen verdient. In diesem Kapitel wird das Diffusionskonzept der Innovationen von Rogers kurz vorgestellt sowie die Innovationen der Medienprodukte systematisch betrachtet. Am Beispiel der Computerentwicklung sollen abschließend die Charakteristika der Innovation umrissen werden.

2.1 Diffusion der Innovation nach Rogers

Everett Rogers beschäftigte sich hauptsächlich mit dem Begriff der Diffusion. Unter **Diffusion** versteht er einen Prozess, in dem **Innovation** in einer bestimmten **Zeit** durch einen **Kommunikationskanal** an Mitglieder eines **sozialen Systems** übermittelt wird (Rogers 1983, S. 11). Was ist mit diesen Begriffen genauer gemeint?

Als **Innovation** bezeichnet Rogers eine Idee oder ein Objekt, die von einem Individuum oder einer anderen an der Anwendung interessierten Instanz wahrgenommen wird (vgl. ebd., S. 11). Innovationen sind nach Rogers Technologien, die zwei Aspekte aufweisen: **Softwareaspekt** und **Hardwareaspekt**. Es ist auch notwendig, zwischen zwei Arten der Information zu unterscheiden, die an die Innovation gebunden ist. Rogers spricht von (ebd., S. 14):

- Software Information, sie reduziert die „Ungewissheit" über Ursache-Wirkung-Relation der Innovation (Was ist die Innovation? Wie funktioniert sie?).
- Information über die Evaluation der Information, sie beseitigt die „Ungewissheit" über die Konsequenzen der Innovationsnutzung (was passiert, wenn ich die Innovation nutze? Was sind die Chancen und Risiken der Innovation in meiner Situation?).

Innovationen sind miteinander nicht vollständig vergleichbar. Rogers (1983, S. 15) liefert daher folgende Kriterien für ihre Beschreibung und ihre Analyse:

1. *Relativer Vorteil* (relative advantage) als Grad der Erkennung des Innovationspotenzials durch die Nutzer im Vergleich zu vorausgehenden Innovationen.
2. *Kompatibilität* (compatibility) als Grad der Passung zu bisherigen Werten, Erfahrungen und Bedürfnissen potenzieller Nutzer.
3. *Komplexität* (complexity) als Grad der Verständnis- und Nutzungsprobleme.
4. *Versuchseignung* (trialability) als Grad der Möglichkeit zum Experimentieren mit der Innovation (z. B. kostenlose Probeversionen von Software).
5. *Beobachtbarkeit* (observability) als Grad der Sichtbarkeit der Innovation für andere Personen.

Rogers betont, dass Innovationen mit hohen Grad des relativen Vorteils, der Kompatibilität, der Versuchseignung und der Beobachtbarkeit sowie mit einem niedrigen Grad an Komplexität schneller von Nutzern adoptiert werden als Innovationen mit einem hohen Grad an Komplexität (Rogers 1983, S. 16). Ein weiteres Kriterium ist zudem von Bedeutung für Innovationen: die sog. **Re-Invention,** die Rogers als Grad der Veränderung und Modifikation der Innovation durch Nutzer im Prozess der Adoption und Implementation versteht.

Kommunikation wird als Prozess der Verständigung beschrieben, indem die Teilnehmer Informationen erzeugen und miteinander teilen. In der einfachsten Form beinhaltet der Prozess der Kommunikation daher die Innovation selbst (1), ein Individuum (oder eine Einheit), das Kenntnisse und Erfahrungen mit der Nutzung der Innovationen hat (2), ein anderes Individuum (oder eine Einheit), das bislang keine/geringe Erfahrungen mit der Innovation machte (3) und ein Kommunikationskanal, der beide Individuen (Einheiten) verbindet (ebd., S. 17). Solche Kanäle können massenmedial (Fernsehen, Radio) oder interpersonal (Face-to-Face, Telefon) sein. Rogers führt zudem die Begriffe der **Homophilität** (Grad der Übereinstimmung kommunizierender Individuen in Bildung, Glauben, sozialem Status usw.) und der **Heterophilität** (Grad der Nicht-Übereinstimmung in Bildung, Glauben usw.) ein, um auf die Probleme bzw. Störungen der Kommunikation hinzuweisen.

Die **Zeit** ist nach Rogers ein weiteres wichtiges Element der Diffusion. Die Innovationen entstehen in einem Prozess der aus den Phasen 1. Wissen, 2. Überzeugung, 3. Entscheidung, 4. Einführung und 5. Bestätigung besteht. Durch die Annahme der Innovation durch ein Individuum (Einheit) endet der Prozess (Rogers 1983, S. 20 ff.). Die Zeit als Hilfsgröße erlaubt uns den Grad der Affirmation von Innovationen (**innovativeness**) durch die Nutzer zu bestimmen. In der frühen Phase der Innovation wird die neue Entwicklung durch Innovatoren (**innovators**) vorangetrieben. Nach der Einführung nutzen zunächst nur wenige Individuen diese Entwicklung (**early adopters**). Sie werden von der sog. frühen Mehrheit (**early majority**) und der späten Mehrheit (**late majority**) gefolgt. Am Ende folgen die Nachzügler (**laggards**), die als letzte Gruppe von der Innovation profitieren (vgl. Abb. 2.1).

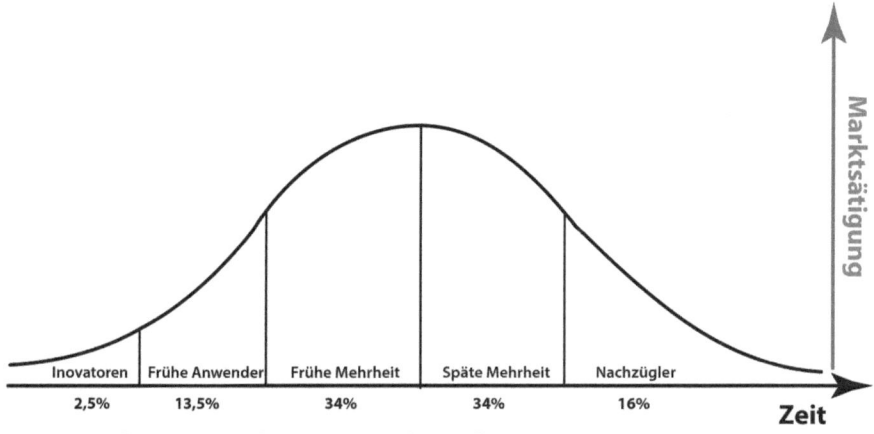

Abb. 2.1 Diffusion von Innovationen (Quelle: Rogers 1983, S. 247)

Als letztes Element analysiert Rogers (1983, S. 24ff.) das **soziale System** und seine Bedeutung bei der Diffusion von Innovationen. Er zeigt dabei die Implikationen der sozialen Struktur, der jeweils geltenden Normen sowie die Rolle der Meinungsführer (**opinion leaders / change agents**) bei den Entscheidungen der Nutzung und bei der Bewertung von Innovationskonsequenzen.

Rogers hat mit seinem Konzept einen bedeutenden Beitrag zur Innovationsforschung geleistet. Insbesondere seine Vorstellung über die Systematik der Nutzer im Prozess der Diffusion von Innovationen in sozialen Systemen, die er in Innovatoren, frühe Anwender, frühe und späte Mehrheit sowie Nachzügler einteilt, hat sich durchgesetzt und wird seit ihrer Veröffentlichung am Anfang der 60er Jahre oft aufgegriffen. Das Konzept von Rogers spielt bei der Technikfolgenschätzung auch gegenwärtig eine wichtige Rolle.

2.1.1 Fragen und Aufgaben

1.	Was versteht Schumpeter unter Invention, Innovation und Diffusion?
2.	Wie definiert Rogers die Innovation?
3.	Nennen Sie bitte Kriterien von Rogers, die er für die Analyse bzw. Beschreibung von Innovationen verwendet!"
4.	Welche Bedeutung haben nach Rogers die Begriffe „Kommunikation" und „Zeit"?
5.	Bewerten Sie den Ansatz von Rogers für die Erforschung digitaler Medienprodukte!

2.1.2 Die Entwicklungsphasen von Medien und Medieninnovationen

Die Entwicklung der Medien und damit der medialen Innovationen lassen sich sehr grob in fünf zeitliche Abschnitte (Phasen) einteilen. Die Phasen zeichnen sich dadurch aus, dass eine zentrale Medieninnovation, die sich im Laufe der Zeit zu einer Reihe von Innovationen ausweitet, die Gesellschaften von Grund auf verändert.

Phase 1: Die Nutzung, Differenzierung sowie ununterbrochene Entwicklung der Sprache zur zwischenmenschlichen Kommunikation (vor ca. 2 Mio. Jahren bis heute) **und Herstellung sowie Nutzung von ersten Werkzeugen.**

Der größte Nachteil der Sprache ist gleichzeitig ihr größter Vorteil: Sprache ist vieldeutig und erst der gemeinsame Bezugskontext macht Sprache unter Mitgliedern einer bestimmten Erfahrungsgemeinschaft (Kultur) verstehbar. Die Vieldeutigkeit erlaubt einen stetigen Wandel der Bedeutung und des Verwendungskontextes von Sprachen. Aus einer Sprache werden Dialekte, aus Dialekten entstehen neue Sprachen, wie wir am Beispiel der Fortentwicklung der Sprache des Römischen Reiches in den letzten 2000 Jahren wissen. Spanisch, Italienisch, Französisch, Katalanisch oder Rumänisch und einige weitere europäische Sprachen sind aus dem Lateinischen hervorgegangen. Es ist aus der heutigen Sicht kaum vorstellbar, dass Sprache ursprünglich aus zufälligen Lauten entstanden ist, die erst durch Wiederholung im gleichen Kontext Bedeutung erhalten haben und als Grundlage für die Entstehung der Worte dienten. Der Zeitpunkt der Entstehung der Sprache ist nicht klar bestimmbar, er scheint jedoch bei Menschen an die Veränderung in der Struktur des Kiefers geknüpft zu sein. Durch Genmutation (MYH16, d. h. myosin heavy chain 16) kam es zur Rückentwicklung im Kieferbereich und zur Verringerung der Zugkraft von Muskeln, die den Schädel belasten. Kleiner werdende Kiefer und Schwächung der Muskulatur erlaubten nicht nur die Generierung von differenzierten Lauten durch Hominiden, sondern sie ermöglichten auch Gehirnwachstum, da ein Schädel mit kleinerem Kiefer und ohne große Muskelbelastung plötzlich mehr Platz für die Gehirnmasse bereitstellen konnte (vgl. Stedman et al. 2004). Für Aufregung sorgte in den 90er Jahren des letzten Jahrhunderts die Entdeckung des Gens FoxP2 (Forkhead-Box-Protein P2), das für die Kommunikation der Menschen und die Sprachentwicklung zuständig sein soll (vgl. Bahnsen & Willmann 2001). Dass sich ohne dieses Gen (bzw. bei seiner Störung) die Sprache eines Individuums nur schlecht entwickeln kann, ist am Beispiel einer Londoner Familie nachgewiesen. Nicht klar ist aber, welche Zusammenhänge zwischen genetischen und kulturellen Einflüssen bestehen, und wie stark die Gene die Phylogenese der Menschheit beeinflusst haben und beeinflussen. An diesen Themen wird gegenwärtig intensiv geforscht.

Die Entwicklung der Sprache ist keine Innovation im Sinne der gängigen Definitionen. Doch mit der Sprache ist die Verwendung von Werkzeugen verbunden. Die paläoanthropologischen Funde belegen, dass der Werkzeuggebrauch das Verhältnis unserer Vorfahren zur Umwelt vollständig verändert hat. Zuerst wurden einfache Werkzeuge wie Knochen, Äste, Steine usw. verwendet. Die Hominiden konnten dadurch ihr Nahrungsrepertoire erweitern, ihre Jagd- und Nahrungssammelgebiete vergrößern und später mit Werkzeugen weitere Werkzeuge herstellen. Wir können davon ausgehen, dass die bewusste Werkzeugproduktion vor ca. 2,6 Mio. Jahren einsetzt, wie das älteste Werkzeug mit Bearbeitungsspuren beweist (Haarmann 2010, S. 30).

Film-Zitat
Welche Bedeutung der Werkzeuggebrauch für die Entwicklung unserer Zivilisation hatte, lässt sich im Film „2001 – Odyssee im Weltraum" von Stanley Kubrick emotional erfassen, in dem aus einem in die Höhe geworfenen Werkzeug (Knochen), nach einem Filmschnitt ein Weltraumfahrzeug wird.

Es ist ein Film-Schnitt, mit dem der Regisseur ca. 3 Mio. Jahre „Technikgeschichte" überbrückt.

Phase 2: Die Einführung und Nutzung der Schrift zur zwischenmenschlichen Kommunikation (vor ca. 7000-5000 Jahren).
Die in Henan (China) gefundenen Zeichen sind möglicherweise die ältesten Schriftzeichen der Welt (vor ca. 8500 Jahren). Vor ca. 7600 Jahren entstanden Schriften in Südosteuropa (Vinca-Schrift) und in Mesopotamien (Piktogramme zur Buchführung). Mit der Keilschrift auf Tontafeln wurden in Mesopotamien bereits vor ca. 4500 Jahren komplexe Verträge festgehalten. Die Tontafeln enthielten Bestätigungen über Warenlieferungen und wurden auch als Tauschabstraktion (Geld)

genutzt, denn man konnte die Tontafeln auch gegen andere Gegenstände tauschen, die den Wert der Ware auf der Tafel aufwiesen. Irgendwann stellten die Menschen fest, dass man die Schrift auch zur Fixierung von Erzählungen nutzen kann. Die Aufzeichnungen auf den Tontafeln dienten dann als Geschichten, Gedichte oder Poeme der Unterhaltung (vgl. Haarmann 2010).

Die Verwendung der Schrift hat zahlreiche Innovationen hervorgebracht: Der Wechsel von Piktogrammen zur Keilschrift, die Verwendung der ägyptischen Piktogramme als Lautzeichen und vor allem das Alphabet der Phönizier mit Festlegung der Konsonanten, was einen enormen qualitativen Sprung in der Schriftentwicklung bedeutete. Auf die phönizische Schrift geht die griechische Schrift zurück, die wiederum die Grundlage der römischen als auch kyrillischen Alphabete in Europa darstellt.

Phase 3: Die Einführung der beweglichen Lettern und der Druckpresse zum Druck von Schriftwerken (vor fast 600 Jahren).
Einige Innovationen zur Aufzeichnung der Schrift wurden bereits erwähnt. Andere bedeutende waren u. a. die Minuskeln (Kleinbuchstaben) und Majuskeln (Großbuchstaben) sowie die Kunst der kirchlichen oder weltlichen Kopisten, die verfügbare Werke abschrieben und somit für eine gewisse, wenn auch minimale, Ausbreitung des Schrifttums sorgten. Johannes Gutenberg aus Mainz war bemüht, die Schönschrift der Kopisten maschinell nachzuahmen. Gutenberg als Drucker beherrschte alle Drucktechniken seiner Zeit (das Arbeiten mit Holzblöcken, Modellen und Druckplatten oder Stempeln). Sein besonderer Verdienst war es, diese bekannten Techniken zu einem neuen System zu verbinden. Er entwickelte ein spezielles Handgießinstrument, mit dem er sog. Lettern (Druckbuchstaben) einzeln, schneller und vor allem sehr genau gießen konnte. Er entwickelte nach dem Prinzip der Weinpresse die Druckerpresse, die bei der Verwendung der Lettern notwendig wurde und verbesserte die Druckfarbe, um nicht mehr mit Holz, sondern mit Metall als Grundlage für die Herstellung der Lettern zu arbeiten. Gutenberg hat die Druckkunst mit seinen Innovationen wesentlich reformiert. Das Ergebnis seiner Bemühung

sollte aber ein „Schönschriftapparat" sein und nicht ein Buchdruck mit beweglichen Lettern an sich, der allerdings die Zivilisation in Europa in den nächsten Jahrhunderten entscheidend verändern sollte. Gutenberg entwickelte die Innovation bewusst und zweckmäßig, die gesellschaftlichen und technologischen Auswirkungen waren von ihm jedoch weder geplant noch irgendwie vorhersehbar.

Phase 4: Die Entstehung der „modernen Medien" (im 19. und am Anfang des 20. Jahrhunderts).
Mit dem Begriff „Moderne" bezeichnet man die Zeit der Aufklärung und der Industrialisierung. Die unaufhaltsame Entwicklung der Naturwissenschaften und Technik seit dem 17. Jahrhundert hat zahlreiche Veränderungen hervorgebracht. Insbesondere seit dem Anfang des 18. Jahrhunderts bis zu der französischen Revolution vollzogen sich gravierende Veränderungen der Produktion, des Transportes, der Energienutzung und der Kommunikation, die eine Grundlage für neue soziale (u. a. Auflösung der Stände, Bauernbefreiung, Einführung des Bildungssystems usw.), politische (z. B. Revolution in Frankreich, zahlreiche Reformen in Europa basierend auf dem Kodex Napoleons) und wirtschaftliche (z. B. die starke Entwicklung des Handels und neuer Handelsplätze, Weiterentwicklung des modernen Bankwesens, Entstehung der industriellen Produktion) Entwicklungen schufen. Es wäre an dieser Stelle schwierig, alle bedeutenden Innovationen zu nennen. Einige sind: Lochkarten für Webstühle, Impfung, Blitzableiter, Batterie, Dampfmaschine, Heißluftballon, optische Telegrafie und Pianoforte. Auch die Fotografie, die auf Innovationen auf dem Gebiet der Chemie basiert, änderte unsere Art und Weise der Weltbetrachtung. Im 19. Jh. wurden ebenfalls Grundlagen für die spätere Computertechnik geschaffen (Charles Babbage mit der Analytical Engine), die wir später noch etwas besser kennenlernen.

Das Zeitalter der Aufklärung und die damit einhergehende Befreiung der Wissenschaft von der Religion sorgten für zahlreiche Innovationen, die im 19. und am Anfang des 20. Jahrhunderts das Bild der Welt von Grund auf veränderten. Die Dampflokomotive änderte die Art und Weise des Transportes und der Kommunikation, die Elektrotechnik schuf die Basis für Telegrafie, terrestrische Übertragung, Beleuchtung und Elektromaschinen sowie Kathodenröhren. Diese Innovationen reformierten sowohl die industrielle Produktion als auch die zwischenmenschliche Kommunikation. Radio und Fernsehen sind bedeutende Beispiele für die entwickelten elektrischen Medien.

Auch wenn in der Zeit der Moderne eine vielfältige Medienwelt entstand, so ist der Blick der Wissenschaft und der Politik oft auf das einheitliche Wesen der Medien gerichtet. Massenmedien und Propaganda sind zwei zentrale theoretische und politisch vereinnahmte Begriffe, die in dieser Zeit entstanden sind. In späteren totalitären Gesellschaftsordnungen (das Dritte Reich, Sowjetunion, DDR usw.) war für die Medienrolle der Begriff „Gleichschaltung" charakteristisch. Die Herrschenden haben sich die Medien organisatorisch und inhaltlich untergeordnet und kontrollierten die Medientechnik (von der Schreibmaschine bis zu Sendeanlagen). Um die Freiheit der Presse zu beschränken und dann ganz abzuschaffen, wurde der Begriff „Lügenpresse" gebraucht. Zensur, Verbote und Verfolgung von Journalisten waren damit gerechtfertigt.

Phase 5: Die Entstehung „postmoderner Medien" (ab der Mitte des 20. Jahrhunderts).
Als „Postmoderne" bezeichnet man eine umfassende Denkströmung in der Gesellschaftsentwicklung, die sich an die „Moderne" kritisch (verneinend) anschließt. Das automatistische Innovationsstreben der Zeit der Moderne wird abgelehnt und es werden neue Wege gesucht, wie man Politik, Kunst, Wissenschaft, Technik usw. neu und vielfältig gestaltet. Befürwortet und angestrebt wird Mannigfaltigkeit von Perspektiven und Pluralismus. Medien spielen eine wesentliche Rolle in dieser Denkrichtung. Sie sind einerseits Träger des inhaltlichen Pluralismus und andererseits selbst einer mannigfaltigen inhaltlichen, organisatorischen und technischen Entwicklung unterworfen. Medientheoretiker, wie bspw. Marshall McLuhan oder Paul Virilio, haben in ihren Werken versucht, die Transformation der Medien zu beschreiben (Diskussion der Postmodernen Medientheorien vgl. auch Yeh 2013). Es wird nicht nur die Änderung der tradierten Medien, wie Radio und Fernsehen betrachtet, sondern auch neu entstandene Medien, wie z. B.

Computer, in die Medientheorie integriert. Das Ende der „Massenkommunikation" wurde theoretisch eingeleitet.

Die „postmodernen Medien" wie Computer und Netzwerke (vor allem mobile Netze und Internet) sind digital. Diese Eigenschaft wird noch später aufgegriffen und genauer erklärt. Digitale Medien erlauben jedenfalls eine dauerhafte Verknüpfung bislang getrennter Medientechnologien (z. B. Audio, Video und Bild), sodass neue, hybride Medien entstehen (z. B. Hypermedia).

In diesen medialen Innovationsphasen gab es natürlich stets viele Innovationen, die für die Entwicklung der menschlichen Zivilisation relevant waren. Jede Phase brachte ihre spezifischen Innovationen heraus, wodurch bestimmte technische und gesellschaftliche Entwicklungen möglich wurden. Die Innovationen halfen, die Energiequellen zu erschließen und zu nutzen, den Transport zu organisieren, die Produktion zu realisieren und die notwendige Kommunikation aufrechtzuerhalten. Es ist allerdings zu bedenken, dass diese Phaseneinteilung sehr grob ist und nur der Veranschaulichung der Medienentwicklung dient. Vor allem soll dabei die enorme technische Beschleunigung sichtbar werden, die wir in der letzten Zeit erleben. Zum Teil erfolgen die medialen Innovationen so rasch aufeinander, dass die Gesellschaft weder das Ausmaß der Veränderungen vollständig erfassen kann, noch kann sie angemessen mit geeigneten regulatorischen Maßnahmen reagieren. Hierzu gehören bspw. neue medizinische Versorgungen mit Medizintechnik via Internet, neue Bezahlformen (z. B. PayPal) oder gar algorithmische Währungen (Bitcoins), die algorithmische Suche nach bestimmten Kriterien in globalen Datenarchiven oder die algorithmische Überwachung von Individuen (Big Data), intelligente Netze und vernetzte Hausgeräte (Smart Home) oder auch 3D-Drucker, die die Produktion dezentralisieren. In dem folgenden Abschnitt sollen diese Veränderungen etwas näher betrachtet werden.

2.1.3 Fragen und Aufgaben

1. Wie kann man grob die Entwicklung von Medien und Medieninnovationen einteilen?
2. Welchen Beitrag hat die Genforschung zum Verständnis der Sprache geleistet?
3. Wann entstand Schrift als Mittel der Kommunikation und welche Bedeutung hatte sie bspw. in Mesopotamien vor ca. 4500 Jahren?
4. Worin besteht die Innovation von Johannes Gutenberg aus Mainz?
5. Was sind sog. moderne Medien und wann entstanden sie?

2.2 Medieninnovationen und Medienprodukte der dritten industriellen Revolution

Den Begriff der dritten industriellen Revolution hat Jeremy Rifkin (2011) geprägt, indem er betonte, dass jede industrielle Epoche (er erfasst die hier vorgestellte Zeit der „Moderne" und Postmoderne") ihre eigenen Formen der Energie, der Kommunikation und des Transportes hervorbringt. Diese Perspektive ist sinnvoll, um die Bedeutung von Innovationen zu analysieren und Prognosen zu formulieren, wie sich Kommunikation, Produktion und Distribution in der nahen Zukunft entwickeln.

Rifkin (2011) untersucht die aktuellen Innovationen und spricht von der Ablösung der beiden industriellen Revolutionen (Dampfmaschinen, Elektrizität), die auf der Nutzung von fossilen Energiequellen oder der Atomkraft basierten, durch eine dritte industrielle Revolution, die erneuerbare Energien verwendet.

Mit der Energienutzung ist stets das Phänomen der Entropie verknüpft, das zu Energieverlusten führt, wobei auch die erneuerbaren Energien von Entropie betroffen sind. Erneuerbare Energien bringen jedoch trotzdem revolutionäre Veränderungen mit sich. Rifkin nennt neben den erneuerbaren Energien weitere vier Kennzeichen der dritten industriellen Revolution: eine Dezentralisierung der Energieversorgung (1) z. B. durch kleine Anbieter (Haushalte), die mit einem (2) intelligenten Netz (Energie-Internet) die Energie verteilen können. Zudem kann man dank der Möglichkeit der Energiespeicherung (3) sowohl Engpässe als auch ein Überangebot an Energie vermeiden. Die Umstellung des Transportes (4) auf erneuerbare Energien ist eine weitere gravierende Folge des Wandels.

In seiner Schlussfolgerung formuliert Rifkin, dass die Menschheit dank den Innovationen – hier zählt er neben den erneuerbaren Energien auch moderne Formen des Transports (z. B. Elektroautos) und der Kommunikation (vor allem internetbasierte Kommunikation und Kooperation) – in der Lage ist, eine neue Vorstellung vom sozialen Zusammenleben zu entwickeln. Dazu gehören eine neue Vorstellung vom Eigentum, eine reformierte Bildung sowie neue kollaborative Formen der Arbeit. Die Massenlohnarbeit des Industriezeitalters wird dann der Vergangenheit angehören. Die rasche Entwicklung der Informations- und Kommunikationstechnologien (ICT) seit den 90er Jahren basierte zunächst allerdings vollständig auf der zweiten industriellen Revolution (Rifkin 2011, S. 31). Dies bremste die Entstehung neuer Innovationen, die nicht auf dem zentralen Energieverteilungsmodell basierten. „Menschliches Tun galt als externe Kraft, die auf die im Raum verteilten Ressourcen einwirkt und sie, unter Einsatz arbeitssparender Technologien, so effizient wie möglich in produktive Betriebsmittel umwandelt" (Rifkin 2011, S. 245).

An dieser Auffassung kommen gegenwärtig mehr und mehr Zweifel auf, da angesichts neuer Forschungsergebnisse – Rifkin nennt die Gaia-Hypothese von der engen Rückkopplung zwischen geochemischen Prozessen und lebenden Systemen – nicht mehr die Gewinnung der Macht über der Natur im Vordergrund steht, sondern die Partnerschaft mit ihr. „Die alte Wissenschaft setzt ganz auf die Autonomie gegenüber der Natur; die neue Wissenschaft setzt auf die Teilnahme" resümiert Rifkin (2011, S. 245f.). „In den neuen, dezentralen und kollaborativen Kommunikations- und Energieräumen der dritten industriellen

Revolution, nimmt (...) die Anhäufung sozialen Kapitals dieselbe Bedeutung an wie die Akkumulation von Finanzkapital." (Rifkin 2011, S. 239).

> **Die fünf Säulen der dritten industriellen Revolution** nach Rifkin
>
> 1. der Umstieg auf erneuerbare Energien;
> 2. die Entstehung von Mikrokraftwerken auf allen Kontinenten;
> 3. dezentrale Speicherung von unregelmäßiger Energie;
> 4. Schaffung eines Energie-Sharing-Netzes (Intergrid) auf der Basis von Internettechnologien zur bedarfsgerechten Verteilung der Energie;
> 5. Umstellung der Transportflotten auf Steckdosen- und Brennstoffzellenfahrzeuge, die Strom über ein interaktives und intelligentes Stromnetz kaufen und verkaufen können.
>
> Quelle: Rifkin (2011, S. 49)

Rifkin erweitert seine Thesen mit dem Konzept des Null-Grenzkosten-Phänomens (vgl. Rifkin 2014). Mit diesem Begriff meint er, dass einmal erzeugte digitale Produkte (z. B. Medieninhalte) nahezu kostenlos und unbeschränkt verteilt werden können. Die Medienindustrie gerät damit zunehmend unter Druck. Zunächst führte die Digitalisierung der Musik zu enormen Problemen der Musikindustrie, aktuell wird mit YouTube und Video-Streaming-Verfahren Druck auf die Film- und Fernsehproduzenten ausgeübt, die Zeitungsbranche steht vor dem Zusammenbruch und mit kostenlosen E-Büchern werden bisherige Distributionsmodelle der Buchbranche in Frage gestellt.

Rifkin bringt seine Vision in einem Interview mit der Wochenzeitung „Die Zeit" auf den Punkt: „Das Internet der Dinge ist in Wirklichkeit eine Dreiteilung des Internets in ein Kommunikationsnetz, ein Energienetz und ein Transportnetz. Und dieses Netz hat Sensoren in der gesamten Wirtschaft, um jedes Gerät, jede Maschine und jeden

Menschen zu verbinden. Wir haben schon heute rund 14 Milliarden Sensoren in Fabriken, in Straßen, Lieferzentren, Einzelhandelsgeschäften und jetzt sogar in *smart homes* und Fahrzeugen, die Daten sammeln und ins Netz schicken. Nehmen wir nur mal an, dieses Supernetz der Dinge bleibt neutral und wird nicht von Google, Facebook und Co. dominiert, nehmen wir an, wir schützen die Privatheit, schaffen Datensicherheit und sichern uns gegen Cyberterroristen, dann kann die Menschheit ins Superinternet der Dinge gehen, das fängt schon an, und sie hat Zugang zu den großen Datenmengen, die ausdrücken, was gerade geschieht in der Wirtschaft. Das wäre totale Transparenz. Man wüsste alles, was in der Wirtschaft vor sich geht, und könnte seinen eigenen Computer nutzen, um eigene Analysen zu machen und Algorithmen zu schaffen und damit energieeffizienter und produktiver zu werden. Man könnte seine eigene erneuerbare Energie produzieren und mittels 3-D-Druckern seine eigenen Produkte, zu Grenzkosten von nahe null. Ein Teil könnte am Markt verkauft werden, ein Teil im kollaborativen Gemeingut geteilt werden." (Rifkin 2014, Die Zeit Nr. 50/2014, S. 24).

Die Ideen von Rifkin erschienen insgesamt plausibel. Sind sie jedoch die Vision einer besseren Zukunft, in der die Innovationen zum Wohl der Menschheit genutzt werden? Die dritte industrielle Revolution ist eine tragende Metapher seiner Ideen. Sind wir jedoch in der Lage, die Dezentralisierung der Energieerzeugung, Veränderungen des Transportes und neue Kommunikationstechnologien demokratisch einzusetzen und als Gesellschaft zu kontrollieren?

Die Entwicklungen der letzten Zeit lassen einige Zweifel an den Visionen aufkommen. Wir können uns gegen Cyberterroristen kaum wehren, umso weniger, wenn sie von Regierungen gestützt werden. Die umfassende Datenkontrolle, auf die Edward Snowden hingewiesen und seine Aussagen mit Beweisen gestützt hat, erreichte inzwischen auch in Demokratien zum Teil systemfeindliche Ausmaße. Ob das Superinternet der Dinge das Null-Grenzkosten-Phänomen umsetzt und tatsächlich die Existenz von weltweit Millionen Musikern, Fotografen, Schriftstellern usw. sichert? Aktuell ist dies nicht in Sicht.

Das Web 2.0, das die Hoffnung aufkommen lassen hat, dass man nun kollektiv an gemeinsamen Projekten arbeiten wird und durch Verknüpfung des Wissens und der Fähigkeiten von Individuen eine großartige Zukunft im Internet schafft, hat de facto zu einer nicht umkehrbaren Kommerzialisierung geführt und begründete die gegenwärtige Macht von Google und von Facebook. Dass das Web 1.0 aus gemeinsamer Arbeit von Vielen entstanden ist und keine großartigen kommerziellen Zwecke verfolgte, ist heute leider vergessen.

Das Internet als Innovation stellt an sich noch keinen Fortschritt dar, wenn es zur Gleichschaltung der Individuen genutzt wird, wie die unangenehmen Auswirkungen des Web 2.0 zeigen. Datenkontrolle, Werbung, auf Kinder und Jugendliche zielende Geschäftsmodelle, sind nur wenige Beispiele. Ein Blick in totalitär oder oligarchisch regierte Länder lohnt sich, um festzustellen, dass die digitalen Innovationen unseren kritischen Blick auf politische Ereignisse, wie Annexion von Landesteilen in Europa der Gegenwart oder die Ausweitung von Gewalt und Terror nicht nur im Nahen Osten ausblenden können. An dieser Stelle kann man die Soziotechnik anführen: Ohne die soziale Komponente nach ethischen Maßstäben mitzugestalten, schafft Technik keine Freiheit, sondern einen Freiraum für Missbrauch und für den Ausschluss des Individuums. Die dritte industrielle Revolution, genauso wie die Digitalisierung der Medien insgesamt, ist an sich keine Garantie für den Respekt vor Menschenrechten. Wir benötigen allerdings Visionen, denn sie bieten die Chance, die Verhältnisse in der Welt positiv zu verändern.

2.2.1 Fragen und Aufgaben

1.	Was ist die sog. dritte industrielle Revolution nach Rifkin?
2.	Welche fünf zentralen Ereignisse (sog. Säulen) charakterisieren nach Rifkin die dritte industrielle Revolution?
3.	Was ist ein Null-Grenzkosten-Phänomen?
4.	Welche Vorteile sieht Rifkin im Internet der Dinge?
5.	Warum ist das Konzept von Rifkin insgesamt problematisch?

2.3 Computer als Medieninnovation: Geschichte und Systematik

Innovationen aus historischer Sicht zu analysieren, ist deshalb sinnvoll, weil wir die jeweiligen Entwicklungsstationen gut übersehen können. Methodisch heißt das: Ein Blick in die Geschichte und eine nachvollziehbare Interpretation der jeweiligen Ereignisse ist möglich, einen Blick in die Zukunft bleibt aber den Wahrsagern vorbehalten.

Die Invention des Computers speist sich aus mehreren Quellen, u. a. sind Entwickler oder Wissenschaftler und deren Beiträge zur Entstehung des Neuen zu erwähnen:

- Blaise **Pascal** (1623-1662): Pascal baute um 1642 die erste Rechenmaschine (Addition/Subtraktion), wovon bis heute einige Originalexemplare erhalten sind.

- Gottfried Wilhelm **Leibniz** (1646-1716): Leibniz entwickelte um 1673 eine Staffelwalzenmaschine (das Bauprinzip wurde bis in die 40er Jahre des 20. Jh. genutzt), die jedoch nicht voll funktionsfähig war.

- Charles **Babbage** (1791-1871): Babbage entwickelte die Analytical Engine, die einen sehr bedeutenden Schritt in der Entwicklung des Computers darstellt. Einen wichtigen Beitrag zu der Entwicklung lieferte dabei Ada Lovelace. Die mit Dampf betriebene, 30 mal 10 Meter große Maschine wurde zwar nicht gebaut, sie wäre jedoch ein universell programmierbarer Computer mit 50 Dezimalstellen. Erst nach 100 Jahren konnte man Computer mit solcher Präzision bauen.

- Ada **Lovelace** (1815-1852): Ada war die Tochter von Lord Byron. Sie gilt heute als die erste Programmiererin, da sie die notwendigen Berechnungsanweisungen theoretisch beschrieben hat, wie man mit der Analytical Engine von Babbage die Bernoulli-Zahlen berechnet. Diese Anweisungen sind nichts anderes als ein

Algorithmus. Die spätere Sprache ADA (1970er Jahre) wurde zu ihren Ehren benannt.

- Kurt **Gödel** (1906-1978): Im Jahre 1931 veröffentlichte Gödel den Artikel „*Über formal unentscheidbare Sätze der Principia mathematica und verwandter Systeme*", in dem er bewiesen hat, dass die Widerspruchsfreiheit arithmetischer Axiome nicht mit Hilfe der arithmetischen Axiome bewiesen werden kann (Unvollständigkeitssatz). Um es einfach zu sagen, heißt das, dass es keine widerspruchsfreien Systeme und unendlich viele mit arithmetischen Mitteln nicht berechenbare Probleme geben kann. Damit legte Gödel eine theoretische Grundlage für Computerberechnungen, z. B. für die Fragen, was überhaupt berechenbar ist? Oder welche Probleme können mit endlichen Berechnungsmitteln gelöst werden? Diese theoretischen Schwerpunkte griff auch Alan Turing auf.

- Alan **Turing** (1912-1954): Mit dem Aufsatz „*On Computable Numbers, with an Application to the Entscheidungsproblem*" (1936) legte Turing die theoretische Grundlage heutiger Computer. Nachdem er in seinem Aufsatz die Modelle verschiedener rechnender Maschinen präsentiert hat, beschrieb er das Funktionsprinzip einer universellen Maschine (Turingmaschine), die jede berechenbare Folge errechnen kann. Damit lässt sich jede beliebige Maschine mit der Turingmaschine abbilden. Was die Turingmaschine nicht berechnen kann, ist nicht berechenbar, womit die Verbindung zu der Theorie von Gödel zu erkennen ist. Nun war man (zumindest) theoretisch in der Lage, berechenbare Probleme zu identifizieren. Die Turingmaschine ist im eigentlichen Sinne ein Algorithmus, der andere Algorithmen verarbeiten kann. In den ersten Jahren des Zweiten Weltkriegs trug Turing wesentlich zur Dechiffrierung von Enigma bei und lieferte wichtige Beiträge zum Bau der ersten Rechner (1943), die zur Berechnung möglicher Verschlüsselungsreihen genutzt wurden. Beide Entwicklungen waren allerdings nicht Turing-vollständig. Am Rande: Wegen seiner Homosexualität wurde Turing in den 50er Jahren in

Großbritannien von der Regierung verfolgt. Während einer sog. psychiatrischen Therapie beging Turing Selbstmord.

- Konrad **Zuse** (1910-1995): Um das Jahr 1941 baute Zuse auf der Grundlage seiner früheren Entwicklungen (Z1 und Z2) die erste programmierbare, binäre und vollautomatische Rechenmaschine Z3. Für diesen Rechner wurde später die Turing-Vollständigkeit nachgewiesen. Z3 wurde nur randständig genutzt (z. B. Flügelflattern bei Flugzeugen). Das gesamte Potenzial von Z3 wurde von den Nazis nicht erkannt. In einem Bombenangriff auf Berlin 1943 wurde die Rechenmaschine zerstört.

- John von **Neumann** (1903-1957): Die Architektur der klassischen Rechner geht auf diesen Mathematiker zurück, daher spricht man auch heute bei klassischen Rechnern (PC, Mac, Workstations) von sog. Von-Neumann-Rechnern. Für die Datenverarbeitung gibt es neben einem Steuerwerk und einem Rechenwerk (gegenwärtig als CPU vereint) noch einen Speicher sowie die Eingabe- und Ausgabeeinheiten für Daten. Ohne in die Steuerung eingreifen zu müssen, erlaubt es die freie Programmierung, verschiedene Aufgaben auszuführen. Die Von-Neumann-Rechnerarchitektur wird später genauer vorgestellt.

Die Wurzeln der Invention Computer entstammen sowohl der Mathematik als auch dem Ingenieurwesen. Die frühen Entwicklungen führten u. a. zur Entstehung des Institute for Advanced Study in Princeton in den 40er Jahren, die George Dyson in seinem umfassenden und detailreichen Werk „Turings Kathedrale" als Keimzelle des digitalen Zeitalters beschreibt (Dyson 2014). Wir können davon ausgehen, dass die damals entstandene Von-Neumann-Rechnerarchitektur und deren praktische Umsetzung als ein in allen Details durchdachter Computer (MANIAC, Mathematical Analyzer, Numerical Integrator And Computer) die Grenze zwischen der frühen Phase der Entwicklung (Invention) und der Phase der Technologieeinführung (Innovation) markiert (in Begriffen von Schumpeter). In England war Alan Turing an der Produktion des ersten für den Verkauf bestimmten Rechners (Ferranti Mark I) beteiligt.

Wenn man sich die Entwicklung ab dem 19. Jahrhundert genauer anschaut, ergibt sich folgendes Bild (Abb. 2.2):

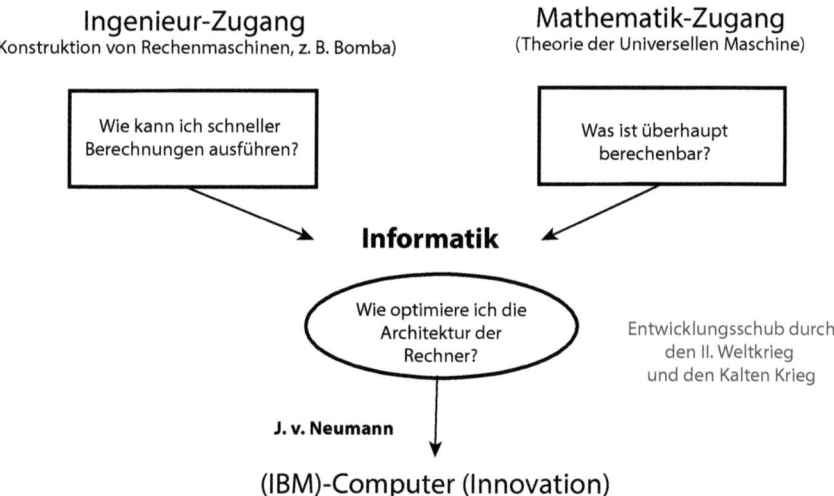

Abb. 2.2 Die Wurzeln einer Invention (Entstehung des Computer)

Als John von Neumann (Teilzeit-)Berater bei der Firma IBM am Anfang der 50er Jahre wurde, ging dort die Entwicklung von Business-Computern rasch vonstatten. Die ursprünglich auf Büromaschinen spezialisierte Firma lieferte die ersten seriell gefertigten kommerziellen Rechner (IBM 650) aus. Die Marktdurchdringung durch IBM-Computer betrug damals ca. 80%. Die Firma stieg in dieser Zeit zum größten Computerproduzenten auf und dominierte den Computermarkt bis in die 80er Jahre. In den 60er Jahren wurden in den Rechnern 7070 von IBM nicht mehr Elektronenröhren, sondern Transistoren eingesetzt, die für eine wesentliche Reduzierung der Größe sowie für sichere und wartungsfreie Laufzeiten sorgten. Der Einsatz von Integrierten

Schaltkreisen (IC) hängt mit dem Weltraumprogramm der USA zusammen. Um Menschen auf den Mond bis Ende der 60er Jahre zu transportieren, war eine verstärkte Miniaturisierung der verwendeten Technik unumgänglich. Der Hauptabnehmer für ICs war daher zuerst die US-Regierung, die die Schaltkreise in den Gemini- und Apolloprogrammen der Raumfahrt sowie in der Militärtechnik nutzte.

Bald hatten sich Firmen wie Intel, Motorola oder Texas Instruments auf die Serienproduktion spezialisiert und brachten seit Anfang der 70er Jahre immer kleinere und preisgünstigere integrierte Schaltkreise heraus. Dies erlaubte wiederum die Serienproduktion von Computern, die wesentlich weniger Aufstellplatz und weniger Kühlung benötigten. Im Jahr 1975 wurde der Computer IBM 5100 mit nur 25 Kilogramm Eigengewicht der Öffentlichkeit präsentiert. Dieser führte zwar nicht zum Erfolg, der Preis war mit ca. 9000 Dollar zu hoch, aber die Entwicklung machte deutlich, dass auch Nutzer ohne einen kommerziellen Hintergrund für die Computertechnik als Abnehmer in Frage kamen. Dazu musste aber der Computer billiger werden. Der Altair-8800 war so ein Computer. Mit Altair-Basic als Programmiersprache bestand dabei die Möglichkeit, eigene Software zu entwickeln, sofern man über eine Schnittstelle einen Fernschreiber zur Texteingabe angeschlossen hatte. Mit 256 Byte Arbeitsspeicher (RAM) waren aber der Kreativität enge Grenzen gesetzt. Da dieser Computer als Bausatz nur ca. 390 Dollar kostete, wurde er zum Phänomen. Er trug entscheidend zu der Vorstellung bei, dass ein jeder einen Computer haben könnte. Zahlreiche Bastler entwickelten eigene Computermodelle, wie bspw. Steven Wozniak. In seinem Hinterzimmer baute er 1976 einen Mini-Computer zusammen, der die Grundlage des heutigen Apple-Konzerns darstellt.

Die Firma von Steven Wozniak, Steven Jobs und Mike Markkula wurde rasch zu einer erfolgreichen Kapitalgesellschaft, die ihren Computer mit dem Namen Apple II erfolgreich vermarktete. Erst 1993 wurde seine Produktion eingestellt. Zeitgleich zur Vorstellung des Apple II-Computers präsentierte die Firma Commodore den Mikrocomputer PET 2001. Im Laufe der Zeit stellte diese Firma zahlreiche Computermodelle vor, die (wie u. a. den Commodore C64 oder die

Amiga-Reihe) den Computermarkt auf bislang an der Computertechnik uninteressierte Nutzer ausweitete.

Abb. 2.3 Mikroprozessoren von Motorola (hier 68040 und 68020) waren ein zentraler Baustein der frühen Apple-Rechner. Motorola wurde im Laufe der Zeit von Intel vom Markt der Personalcomputer verdrängt.

Die IBM, die sich bislang auf geschäftliche Anwender konzentrierte, begann 1981 mit der Vermarktung des IBM PCs, der mehr ein Ergebnis von zufälligen Umständen war, als eine absichtsvolle Entwicklung. Der IBM-PC wurde jedoch ein Erfolg und setzte in kürzester Zeit Maßstäbe für einen sog. Industrie-Standard fest (ein de facto Standard, der zwar einseitig von einer Firma definiert wird, dem jedoch andere folgen). Für lange Zeit war der Ausdruck „IBM-kompatibel" ein Qualitätskriterium für zahlreiche Computer-Nachbauten. Der Apple II hatte seine wichtige Rolle auf dem Markt verloren, auch wenn dieser weiterhin im Handel war. Mit dem IBM-PC wurde das Betriebssystem DOS (Disc Operating System) von der Firma Microsoft ausgeliefert.

Der Einfluss der Firma Microsoft auf den Computermarkt war seitdem immens. Mit der Einführung der grafischen Benutzeroberfläche (GUI) mit dem Namen Windows und später mit der Entwicklung von Windows-Betriebssystemen konnte Microsoft den Computermarkt beinahe kontrollieren. Die Firma Apple, auch wenn sie selbst seit 1984 mit dem Macintosh eine GUI und eine Maussteuerung unterstützte, konnte sich nur in wenigen Anwendungsnischen (z. B. kreativer Bereich) behaupten.

Die Firma IBM versuchte zunächst gemeinsam mit Microsoft ein neues Betriebssystem für eigene PCs zu entwickeln (OS/2). Als sie jedoch merkte, dass Microsoft nur an der Weiterführung von Windows interessiert war, konnte sie die Vorherrschaft von Microsoft im Bereich der PCs nicht mehr aufhalten. Seit dem Ende der 80er Jahre sprach man eigentlich dann nur von Windows-kompatiblen Computern.

Die grafischen Benutzeroberflächen (GUI) waren allerdings weder von Microsoft noch von Apple ersonnen. Maßgeblich an der Entwicklung war der amerikanische Kopiergeräte-Hersteller Xerox. In den Laboren seiner Forschungsabteilung Palo Alto Research Center (PARC) wurde 1973 der weltweit erste Computer gebaut, der über eine grafische Benutzeroberfläche verfügte, mit Maus gesteuert war und mit einem WYSIWYG-Texteditor ausgestattet war (What You See Is What You Get, d. h. was man auf dem Bildschirm sehen kann, stimmt mit dem Ausdruck überein). Zu dieser Zeit waren die Computer-Nutzer noch mit Zeileneingabe der Betriebssysteme wie UNIX zufrieden. War es für solche radikale Innovation wie GUI zu früh? Wenn man bedenkt, dass bei PARC bereits in den 70er Jahren ebenfalls der erste Laserdrucker, der erste Farbdrucker und das Ethernet (schnelle LAN-Verbindung) entstanden sind, lässt sich die gestellte Frage nur mit Nachdruck wiederholen. Was ist der Grund dafür, dass sinnvolle Innovationen zunächst nicht angenommen werden? Mit dem Personalcomputer von IBM erreichte die Innovation ihren vorläufigen Höhepunkt.

Als in der ersten Hälfte der 90er Jahren das Internet als weltumspannendes Netz immer populärer wurde und mit dem World Wide

Web von Tim Berners-Lee zuvor ein für alle Nutzer geeignete Dienst entstanden ist, hat dies Auswirkungen sowohl auf den Computer und die Software als auch auf den weiteren Verlauf der Dienste-Entwicklung im Internet. Hinzu kamen noch die Forschungsarbeiten bei der Definition von der Übertragung von zeitbasierten Daten (Video und Audio) über die Netze. Mit einer damals üblichen Modem-Übertragung von 9600 Baud (Schrittgeschwindigkeit) oder später im ISDN (Integrated Services Digital Network) bei Nutzung von zwei Kanälen gleichzeitig 128 kbits war der Transport von Audio und Video vom Anbieter zum Kunden praktisch ausgeschlossen.

Nur mit Hilfe von effizienten Kompressionsverfahren und von einer größeren Bandbreite für die Datenübertragung im Netz konnte man an Video- und Audioangebote denken. Da Audio wesentlich weniger Datenvolumen aufweist, war es auch dieses Medium, das den Lauf der Geschichte beeinflusste. Das Komprimierungsverfahren MP3, das von dem Fraunhofer Institut für Integrierte Schaltungen in Erlangen entwickelt wurde, ist eigentlich der Audioteil des Kompressionsstandards für Video MPEG.

MPEG
Motion Picture Experts Group

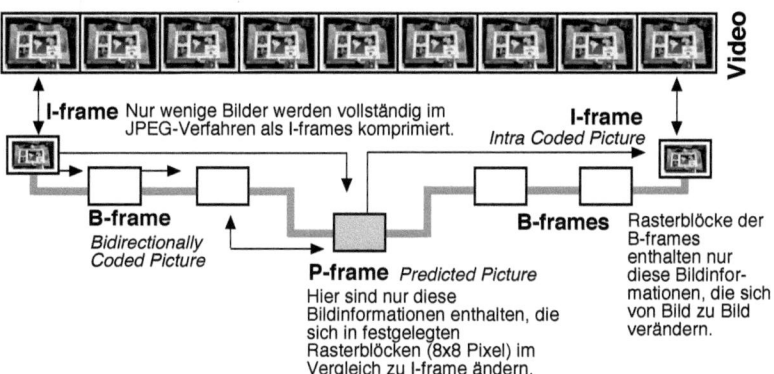

Abb. 2.4 Video-Komprimierung MPEG 2: Unterschiedlich komprimierte Einzelbilder sorgen für bessere Übertragung in Netzen mit geringer Bandbreite.

Die Kompression erlaubte zunächst Musik und dann Video über das Internet zu übertragen. Im Ergebnis dieser Entwicklung entstand beispielsweise die Musiktauschbörse Napster, die den kostenlosen Austausch von Musikstücken ermöglichte und später YouTube, als ein „Kanal" mit unzähligen Videobeiträgen. Die negative Reaktion der Musikindustrie auf Napster war zu erwarten. Man begriff aber dank Napster, dass das Internet auch für die Musikindustrie eine Marketingplattform werden kann, besonders Musiker boten hier ihre Kompositionen selbst an. Die Dominanz von Algorithmen seit den späten 1990er und seit den 2000er Jahren führte zur Entstehung von Suchdiensten wie Alta Vista oder Google. Die Leistungsfähigkeit der Algorithmen und der Geschäftssinn der Internetfirmengründer führte zur Entstehung von Diensten wie Facebook, Instagram, aber auch PayPal und der digitalen Währung Bitcoin. Die Monopolposition von Google als Suchmaschine ist heute unübersehbar.

Es ist an dieser Stelle nicht möglich, alle Innovationen im Computerbereich der letzten Jahre vorzustellen. Weder Neurocomputer noch leistungsstarke Parallelrechner oder minimalistische Lösungen wie Raspberry Pi fanden hier Erwähnung. Eines ist aber deutlich: Die Entwicklung des Computers in den letzten 30 Jahren verlief keineswegs geradlinig und war sehr stark mit der Entwicklung der Netze verbunden. Solche Entwicklungen wie Smartphones (eigentlich: netzfähige Mikrocomputer mit Telefonfunktion) oder Tablet-PCs wären ohne mobile Daten-Netze nicht denkbar. Diese Verbindung ist heute derart unzertrennlich, dass die Computertechnologie (Server) für den Nutzer nur als eine Cloud (abstrakte Datenwolke) wahrgenommen wird, die er von jedem Ort mit jedem mobilen oder stationären Gerät (Computer, Fernseher) nutzen kann.

2.3.1 Fragen und Aufgaben

1.	Nennen Sie bitte mindestens fünf Persönlichkeiten aus der Geschichte, die zur Entstehung eines Rechners (Computers) beigetragen haben! Beschreiben Sie kurz den jeweiligen Beitrag!
2.	Welche Entwicklung markiert den Übergang zwischen Invention und Innovation des Computers? Begründen Sie kurz warum!
3.	Welches Unternehmen hat die grafische Benutzeroberfläche (GUI) als erstes entwickelt und in seinen Computern eingesetzt? Welche andere Firma benutzte diese Innovation in eigenen Rechnern und verhalf damit den grafischen Benutzeroberflächen zum Durchbruch?

2.4 Charakteristik der Innovationen von digitalen Medienprodukten

Wir wissen bereits, dass Inventionen und Innovationen an sich noch keine Träger des Fortschritts und des Wohlergehens der Menschheit sind. Schauen wir uns deshalb ihre Eigenschaften genauer an. Versuchen wir von dem zuvor diskutierten Beispiel des Computers einige Regelmäßigkeiten abzuleiten und die Ausführungen von Schumpeter und Rogers zu ergänzen.

1. Die Inventionen und spätere Innovationen sind **paradox**, denn diejenigen, die eine Innovation (oder zuvor eine Invention) schaffen, sind sich nicht im Klaren darüber, welche Entwicklung sie nehmen kann. Eine Erfindung entsteht zwar in einem Planungsprozess und sie wird bewusst für ihre Bestimmungsziele eingesetzt, aber sie wird zum Zeitpunkt der Entwicklung und der Einführung in ihrer gesamten Tragweite nicht erkannt. Babbage entwarf seine Maschine, nur um schnell zu rechnen, Zuse baute dann aus dem gleichen Grund fast 100 Jahre später eine eigene Rechenmaschine. Alan Turing entwarf eigentlich nur eine mathematische Konstruktion auf dem Papier, mit der man die Lösbarkeit von Problemen prüfen konnte. Normalerweise hat die

Innovation **mehrere Wurzeln**. Zur Erinnerung: Johannes Gutenberg wollte nur eine „Kalligrafie-Maschine" entwickeln, die effizient die schöne Schrift der Kopisten nachahmen konnte. In diesem Sinne war seine „Maschine" keine Erfindung des Drucks, wie wir sie heute manchmal missverstehen. Außerdem: Wäre er nicht aus Mainz und hätte nie eine Weinpresse gesehen, wäre er sicherlich nicht auf die Idee gekommen, das Prinzip der Weinpresse mit seiner Entwicklung von beweglichen Lettern zu einem Gesamtsystem zu verbinden.

2. Es besteht keine unmittelbare Verknüpfung zwischen der Invention und ihrer weiteren Entwicklung. Invention bestimmt zwar eine Basis für Innovation, sie bestimmt aber nicht, ob es dann zu einer breit nutzbaren Innovation kommt. Oft bedarf es eines **Zufalls** oder einer **externen Verstärkung**. Der Zweite Weltkrieg stellte eine solche enorme Verstärkung für zahlreiche Technologien dar. Weder die Atomenergie – zunächst in Form der Atombombe – noch die Computertechnologie wären sonst in so im großen Umfang gefördert und weiterentwickelt worden. Es war zudem nur ein Zufall, dass die deutsche Wehrmacht die Chiffriermaschine Enigma zur Kommunikation nutzte, deren Entschlüsselung dann in Großbritannien Anlass zur praktischen Umsetzung von Alan Turings Theorie wurde. In dieser Zeit ist die Innovation einem kreativen Prozess unterworfen und kann unterschiedliche Zustände annehmen. Es lässt sich nicht vorhersagen, in welche Richtung und mit welcher Kraft sich eine Innovation entwickeln wird. Abgesehen von der Verwendung im Krieg sind Innovationen potenziell als **progressiv** anzusehen, da sie für die Gesellschaft prinzipiell bessere Entwicklungsmöglichkeiten schaffen können. Auch hier spielen Fragen der Ethik eine entscheidende Rolle.

3. Die frühe Entwicklung einer Innovation wird oft viel später erneut aufgegriffen und für einen neuen Bedarf optimiert. Die ersten elektronischen Rechner wie ENIAC oder MANIAC hatten immer noch militärische Berechnungsziele im Auge. Eine umfassende **Optimierung** des Computers für diese Zwecke führte jedoch zur Entstehung von Grundlagen für weitere Entwicklungen. Die John-von-Neumann-Architektur, die bis heute den internen Aufbau der meisten Computer

bestimmt, ist ein Beispiel dafür. Diese Phase der Innovation birgt jedoch eine bestimmte Gefahr in sich. Jaron Lanier spricht in diesem Zusammenhang von einem sog. **Lock-in-Phänomen**. Lanier führt als Beispiele MIDI (Musical Instruments Digital Interface) sowie UNIX (Betriebssystem der 60er Jahre, das bis heute breit verwendet wird) an und beschreibt das Problem, dass die Innovation zur Bremse von weiteren Ideen wird: „Nach MIDI waren Musiknoten dagegen keine bloße Idee mehr, sondern eine rigide, verbindliche Struktur, die man in den digitalisierten Lebensbereichen nicht zu umgehen vermag. Der Prozess des Lock-in gleicht einer Welle, die unablässig über das Regelwerk des Lebens hinwegstreicht und die Vieldeutigkeit flexiblen Denkens abschleift, während immer mehr Denkstrukturen sich zu einer dauerhaften Realität verfestigen. (...) Lock-in eliminiert Ideen, die nicht in das digitale Darstellungsschema passen, aber es verengt auch die Ideen, die es unsterblich macht, weil es den unergründlichen Halbschatten der Bedeutungen beseitigt, der ein Wort der natürlichen Sprache von den Befehlen eines Computerprogramms unterscheidet." (Lanier 2012, S. 20f.). Die Von-Neumann-Architektur, UNIX oder MIDI sind nur einige Beispiele für technologische Lock-ins, wenn auch mit unterschiedlichen Grad der Innovations-Starre.

4. Es ist allerdings unübersehbar, dass ein Lock-in für eine **breite Anwendung** der Innovation sorgt. Die Unveränderbarkeit des Aufbauprinzips einer Innovation erlaubt ihre Massenproduktion und zudem auch die Massenproduktion durch Nachahmer. Die 70er Jahre und die Entstehung der Mikrocomputer liefern ein Beispiel dafür. Die ersten Mikrocomputer wurden zugleich von mehreren Firmen (Apple, Commodore, Atari usw.) hergestellt. Der IBM-PC wurde von zahlreichen Firmen kopiert und vermarktet. Die GUI-Ideen von Xerox wurden sowohl von Apple als auch von Microsoft übernommen und mit Erfolg zu eigenen Produkten weiterentwickelt. Der Gerichtsstreit beider Unternehmen um die Urheberrechte zeugt gleichzeitig vom geistigen Abstieg der Idee und von der Verachtung gegenüber den tatsächlichen Entwicklern. Die Innovation befindet sich in der Diffusionsphase (vgl. Rogers 1983). Es steht jedoch nicht ihre relevante Verbesserung im Vordergrund, sondern die Marktanteile und der Gewinn. Die Innovation

ist zu einem breit verfügbaren **Medienprodukt** unter dem Dach einer **Marke** (bspw. Apple oder Microsoft) erstarrt.

5. So lange eine Nachfrage besteht, wird das Medienprodukt hergestellt und ausgeliefert. Da sich am Prinzip der Innovation nichts ändert, wären die Kunden nur schlecht zum erneuten Kauf des gleichen Produktes nach einiger Zeit zu bewegen. Eine Lösung seitens der Produzenten kann daher die Begrenzung der Lebenszeit eines Produktes sein. Ein extremes Beispiel dafür liefern Glühlampen, deren Lebenszeit durch Hersteller in geheimen Absprachen begrenzt wurde (vgl. Phoebuskartell in den 20er Jahren) oder es werden gleiche Produkte mit höhern Leistung und einigen unwesentlichen Veranderungen, nicht zwingend Verbesserungen, zum gleichen oder höheren Preis angeboten.

Da die Leistung der Computer über Jahre millionenfach zugenommen hat und weiterhin zunimmt, sind die Anschaffungen nach ca. 4 Jahren technisch veraltet. Auch die Software wird an die neue Leistung entsprechend angepasst, so dass viele Anwendungen nach kurzer Zeit nicht oder nicht mehr zufriedenstellend auf der neuen Hardware lauffähig sind und erneut angeschafft werden müssen. Die Update-Politik einiger Softwareunternehmen (Apple, Adobe, Google usw.) geht entweder mit hohen Kosten einher und/ oder mit neuen erweiterten Lizenz-Bedingungen, die bspw. die Privatsphäre einschränken. Die Innovation wird damit in ihren sozialen Auswirkungen **regressiv**.

Obsoleszenz
Beispiele für Produkte mit Lebenszeitbegrenzung liefert in ihrer Fernseh-Dokumentation Cosima Dannoritzer. Am Beispiel von u. a. Glühlampen, Autos, Tintenstrahldruckern und des iPod zeigt die Autorin die geplante Obsoleszenz, d. h. eine geplante Verringerung der Lebensdauer von Produkten. Die jeweiligen Nachweise für eine geplante Obsoleszenz sind ausgesprochen problematisch und die Absicht der Hersteller lässt sich in der Regel nicht beweisen (vgl. Dannoritzer 2010).

Lanier (2012) unterscheidet primäre und sekundäre Leistungen. Primäre Leistungen sind zunächst einmalig und bringen ein Werk, ein Produkt in die Welt, es entsteht etwas Neues. Sekundäre Leistungen bestehen dagegen aus Reaktionen auf Primärleistungen. Sie sind nicht mehr wirklich etwas Neues und Innovatives (vgl. Lanier 2012, S. 162). Man kann in Anlehnung an Lanier alle Innovationen in primäre und sekundäre einteilen. Zahlreiche Medienprodukte sind inzwischen zu **sekundären Innovationen** geworden, die neue primäre Innovationen behindern.

Handheldkonsolen
Als 1980/1981 der frühere Spielkartenhersteller Nintendo die kleine Spielkonsole „Game and Watch" vorgestellt hat und dafür das digitale Spiel „Donkey Kong" präsentierte, war dies weltweit ein Erfolg (primäre Innovation). Mit dem „Game Boy" wurde 1989 dieser Erfolg wesentlich erweitert, das Prinzip der Handheldkonsole blieb aber gleich. Auch die Geräte Nintendo DS oder 3DS als Nachfolge vom „Game Boy" sind zwar technisch seinem Vorgänger überlegen, sie wiederholen jedoch nur, als sekundäre Innovationen, das Prinzip einer Handheldkonsole.

2.4.1 Fragen und Aufgaben

1.	Warum sind Erfindungen und deren Innovationen paradox?
2.	Welche Rolle spielt der Zufall bei der Entwicklung von Innovationen? Geben Sie hierfür ein Beispiel!
3.	Was heißt, dass Innovationen auf externe Verstärkung angewiesen sind?
4.	Warum entstanden Kompressionsverfahren für die Übertragung von zeitbasierten Medien (Audio/Video) über Netze?
5.	Nennen Sie fünf Medienunternehmen, die sich ihr Geschäftsfeld mit Nutzung von Algorithmen für neuartige Dienste im Internet erschlossen haben!

2.5 Zusammenfassung

Innovationen (Neuerungen) und Inventionen (Erfindungen) sind der Antrieb der Entwicklung von digitalen Medienprodukten. Schumpeter hat Innovation als vermarktete Invention definiert und ihre Verbreitung als Diffusion bezeichnet. Rogers hat das Konzept der Diffusion von Innovationen aufgegriffen und Innovationen sind nach Rogers Technologien, die zwei Aspekte aufweisen: *Softwareaspekt* und *Hardwareaspekt*. Rogers hat darauf hingewiesen, dass sich das Konzept der Anwender durchgesetzt hat. Dies ermöglicht es, die Intensität der Marktdurchdringung zu bestimmen. Innovationen im Medienbereich lassen sich grob in fünf Perioden einteilen, die jeweils eigene Charakteristika aufweisen. Die Nutzung, Differenzierung sowie ununterbrochene Entwicklung der Sprache zur zwischenmenschlichen Kommunikation und die Nutzung sowie Herstellung von Werkzeugen charakterisierte die erste und längste Periode. Die Einführung und Nutzung der Schrift vor ca. 7000-5000 Jahren markierte die weitere Entwicklung. Der Buchdruck mit beweglichen Lettern und der gleichzeitige Einsatz der Druckpresse schufen Voraussetzungen für einen radikalen Wandel der Gesellschaft und machten bspw. Wissenschaft als System möglich. Die Einführung der „modernen" Medien basierte auf breiter Industrialisierung und der folgenden Nutzung der Elektrizität. „Postmoderne" Medien basieren auf Digitalisierung und sind nach Rifkin ein Kennzeichen der dritten industriellen Revolution. Das Internet der Dinge markiert nach seiner Auffassung neue Möglichkeiten der Organisation von Wirtschaft und Gesellschaft.

Die Geschichte des Computers erlaubt uns die verschiedenen innovativen Entwicklungen systematisch zu erfassen und rückblickend zu bewerten. Zwei Entstehungsquellen des Rechners, ein Ingenieurzugang und ein mathematisch-theoretischer Zugang illustrieren anschaulich, welche Stationen die frühe Computerentwicklung durchlaufen hat. Die späteren Innovationen, wie bspw. die Von-Neumann-Architektur oder das Smartphone als Verbindung von

Computer, Telefon und Internetgerät sorgten für zunehmende Diffusion der digitalen Medienprodukte, die auf der Computertechnik basierten.

Innovationen sind nicht zwingend positiv als Fortschritt zu bezeichnen, sie sind paradox, da man sie zwar bewusst anstrebt aber ihre Auswirkungen nicht voraussehen kann. Sie haben oft mehrere Quellen ihrer Entstehung und unterliegen stets auch einem Zufall, ob eine breite Anwendung stattfindet oder nicht. Auch externe Verstärkung – wie beim Computer der Zweite Weltkrieg – spielt bei der Entstehung und Verbreitung von Innovationen eine wichtige Rolle. Beherrschen dagegen die Innovationen den Markt, bleiben sie unverändert und bremsen alternative Entwicklungen, wie Lanier mit Lock-In-Phänomen gezeigt hat. Am Ende erstarren sie zu einer Marke, die eventuell auch von einer geplanten Obsoleszenz betroffen sein kann.

3 Systematik der digitalen Medienprodukte

Wenn ein Computer ein digitales Medienprodukt ist, eine App ebenfalls, ist dann eine Reportage in der Zeitung ebenfalls ein digitales Medienprodukt? Der Entstehungskontext der Medienprodukte ist unterschiedlich, auch ihr Nutzungskontext unterscheidet sich, anders sind ihre Auswirkungen auf Nutzerinnen und Nutzer und in der Konsequenz auch der Einfluss auf die Gesellschaft. Durch das CTO-Modell wird allerdings deutlich, dass aus der Interaktion zwischen Content, Organisation und Technik die unterschiedlichsten Medienprodukte hervorgehen können. Wie lassen sie sich jedoch alle sinnvoll systematisieren?

Medienprodukte insgesamt sind in unserem Verständnis ein Ergebnis einer Produktionshandlung. Da schon der Begriff „Produkt" nicht eindeutig ist, kann ebenfalls auch der Begriff „Medienprodukt" nicht eindeutig sein:

- ein Medienprodukt kann Content sein, mit einem Inhaltsaspekt und einem Technikaspekt (z. B. Nachrichtenplattform im Internet);
- ein Medienprodukt kann ein Genre oder eine Gattung sein (Reportage, Glosse), aber auch eine Kolumne in der Zeitung oder die gesamte Zeitungsausgabe;
- ein Medienprodukt kann eine Anwendung oder ein ausführbares Computerprogramm sein, das aus Algorithmen besteht;
- ein Medienprodukt kann ein Gerät sein (Foto- oder Videokamera, Tablet-PC, Smartphone usw.)
- allgemein ist ein Medienprodukt als Ergebnis oder Endzustand eines Produktionsprozesses anzusehen.

Wenn man allerdings die hier angeführten Bedeutungen reflektiert, fällt vor allem auf, dass sich eine Systematik andeutet.

Ein digitales Medienprodukt kann demnach:

1. als ein Ergebnis der digitalen Produktion in den Medienbranchen bzw. Mediensystemen (es entsteht Content, wie z. B. Film, eine Reportage, eine Online-Zeitung),
2. als ein Ergebnis der industriellen Fertigung (es entsteht Hardware, z. B. Smartphone, Gaming-PC, Kopfhörer),
3. als ein Ergebnis der algorithmischen Entwicklung (es entsteht Software, z. B. eine App für ein Tablet-PC oder ein Suchdienst für WWW)

angesehen werden. In den nächsten Abschnitten betrachten wir die Bestandteile dieser Systematik etwas genauer.

3.1 Medienprodukte als Content

Im Handbuch der Medienproduktion (Krömker & Klimsa 2005) finden sich Beispiele für Medienprodukte verschiedener Medienbranchen. Die jeweils spezifische Zusammensetzung dieser Produkte erlaubt zunächst nur Verallgemeinerungen auf einer höheren Abstraktionsebene. Die Eigenschaften der Medienprodukte sind miteinander schlecht vergleichbar: Ein Kinofilm und ein Fernsehfilm weisen zahlreiche Unterschiede auf. Ein Eintrag in Wikipedia ist mit einem Lexikonstichwort im Brockhaus nicht gleich. Zwischen einem Hörspiel und einer Radioreportage liegen Welten, genauso wie zwischen einer Nachrichtensendung im Fernsehen und einem gedruckten Nachrichtenmagazin. Der Einfluss der zur Produktion eingesetzten Medientechnik und die Organisation der Produktion sind für den erstellten Content die entscheidenden Determinanten. Medienprodukte, die auf Content basieren, kann man sehr gut im Kontext der verwendeten Technik, im Kontext ihrer Produktion und im Kontext ihrer Nutzung analysieren. Am Beispiel des Zusammenspiels der Technik, der Organisation und des Contents im Film als einem Medienprodukt lassen sich die Zusammenhänge veranschaulichen (vgl. Klimsa 2009, S. 561ff.).

Sehen wir einen Film, nehmen wir vor allem die Geschichte (Story) wahr, die durch die Handlung der Schauspieler (Plot) erzählt wird. In den Inhalten der filmischen Werke sucht man nach unaufdringlichen Antworten auf die wichtigen Lebensfragen: dem Sinn des Lebens, der Liebe, der Angst, der Freundschaft, des Hasses usw. Die Wirkungen des Films (Blothner 1999) sind den Zuschauern meist unbewusst und basieren auf der spezifischen Ästhetik des Films, die aus dem Faktor Technik resultiert (Klimsa 2005). Die produktionstechnische Umsetzung einer Geschichte/Story zum Plot ist immer vom Faktor Organisation abhängig, da die Arbeitsabläufe in der Preproduktion, Produktion und Postproduktion als ein bestimmender Rahmen wirken und durch den Einsatz aller Ressourcen den ästhetischen Charakter des filmischen Werkes prägen.

Film bedeutet das Erzählen mit Bildern (und Ton). Eine Kamera liefert als ein fototechnisches Gerät Bilder und zeichnet statische (Einzelbilder, Fotokamera) und bewegte (eine zusammenhängende Reihe von Bildern, Filmkamera) Bilder auf ein Speichermedium (analog, z. B. fotografischer Film, Magnetband mit analoger Aufzeichnung bzw. digital, z. B. Magnetband mit digitaler Aufzeichnung, Festplatte) auf. Wie wirkt sich Technik genau aus? Die Belichtungszeit einer Filmkamera beträgt 1/24 einer Sekunde (Videokamera 1/25 und 1/30 Vollbilder, bzw. 1/50 und 1/60 Halbbilder pro Sekunde, je nach Standard). Mit einer Umlaufblende (rotierende Sektorenblende) lässt sich zwar die Belichtung etwas beeinflussen, aber nicht mehr durch die Kombination mit der Blende nutzen, wie es in der Fotografie üblich ist. Damit entfällt weitgehend ein wichtiges Gestaltungsmittel der statischen Fotografie, was die Ästhetik der Bilder im Film sehr stark beeinflusst. Auch die Limitierung der Bilder auf 24 bis 30 pro Sekunde bedient zwar unsere Gewohnheiten, deckt aber keineswegs eine wünschenswerte Qualität ab. Eine höhere Bildauflösung (z. B. HDTV, UHD bzw. 4K) und höhere Bildfrequenz sind für anspruchsvollere Ästhetik des digitalen Contents unerlässlich. Die Geschwindigkeit, mit der das Filmmaterial durch die Kamera bewegt wird, bzw. wie viele Bilder in der Sekunde gespeichert werden, erlaubt bei konstanter Wiedergabegeschwindigkeit Effekte wie schneller Lauf (Zeitraffer), bzw. langsamer Lauf (Zeitlupe). Damit lassen sich natürlich inhaltliche Akzente setzen. Als Alex aus dem Film „Clockwork Orange" seine Droogs bestraft, wird als Stilmittel von Stanley Kubrick Zeitlupe eingesetzt, um die Brutalität des Anführers bei der Wiederherstellung seiner Macht stärker wirken zu lassen. Bei der Szene mit zwei Mädchen aus dem Schallplattenladen wird Zeitraffer verwendet, der in Kombination mit synthetisch erzeugter und beschleunigter Musik (Wilhelm Tell Ouvertüre) eine sonderbare Slapstick-Stimmung erzeugt.

Die meisten Bewegungen im Film werden mit Schwenks (horizontale Bewegung) und mit Tilts (vertikale Bewegung) realisiert. Bei Schwenks und Tilts wird die Position der Kamera nicht verändert. Bei Kamerafahrten dagegen wird die Kamera selbst mobil, um einem Motiv zu folgen oder ein Objekt aus verschiedenen Perspektiven aufzunehmen. Über die Aussage der Aufnahmen entscheidet zudem die Einstellung der Kamera. Folgende Einstellungen werden unterschieden:

- **Totale**: Ein weitgehend vollständiges Bild von der Umgebung des Geschehens.
- **Halbtotale**: Oben und seitlich ist noch genug Raum vorhanden, um die Umgebung zu erkennen. Ein typischer Verwendungszweck der Halbtotale ist die Einführung in eine Szene (z. B. Gespräch von zwei Personen).
- **Halbnahe** (amerikanische Einstellung): Hier wird fast die ganze Person abgebildet, nur der untere Bereich ab den Knien wird ausgelassen.
- **Nahaufnahme**: Diese Einstellung zeigt im Wesentlichen einen Gegenstand, z. B. das Gesicht einer Person.
- **Detail-Einstellung**: Mit dieser Einstellung werden Details eines Gegenstandes dargestellt, z. B. Hände, ein Blatt, ein Auge, ein Schlüssel usw.

Natürlich werden jeweils der Blickwinkel und der Standort der Kamera bewusst eingestellt, denn beim Filmen müssen alle Szenen und Motive in einem kleinen Bildausschnitt untergebracht werden. Welchen Eindruck die gefilmten Motive hinterlassen, hängt wesentlich von ihrer

Position im Bildausschnitt ab. Zu plötzlicher Lichtwechsel in einer Einstellung wirkt z. B. künstlich und lenkt die Aufmerksamkeit des Publikums auf die Aktivitäten der Kamera. Licht ist ein weiterer bedeutender technischer Faktor, der den Filmcontent beeinflusst.

Das natürliche Tages- oder Sonnenlicht reicht in der Regel nicht aus, sodass in der Praxis stets künstliche Beleuchtung genutzt werden muss. Die Ausleuchtung lässt sich in folgende Arten einteilen:

- **Hauptlicht**: Es leuchtet die Szene und alle Objekte fast ohne Schatten aus. Es wird eine Aufnahme ohne optische Störungen (Rauschen) ermöglicht. Es gibt mehrere Arten der Hauptbeleuchtung: Voll-Licht, Schlank-Licht, Butterfly-Licht (Oberlicht, Rembrandt-Licht, auf der nicht beleuchteten Seite des Gesichts entsteht ein Lichtdreieck) und Teilungslicht.
- **Führungslicht**: Starkes, direkt auf ein Objekt gerichtetes Licht.
- **Füll-Licht**: Weiches Licht, das die Schatten mindert und Kontraste ausgleicht.
- **Gegenlicht**: Die Lichtquelle befindet sich hinter dem Objekt; das Licht darf allerdings nicht direkt in die Kamera fallen, sondern um das Objekt nur einen Lichtkranz legen.
- **Hintergrundlicht**: Die Lichtquelle leuchtet nur den Hintergrund aus; der Einsatz erfolgt unabhängig von der Hauptbeleuchtung.
- **Kamera-Licht**: Eine kleine Lichtquelle, oft auf der Kamera montiert, dient zur zusätzlichen Beleuchtung der Aufnahmeobjekte (bspw. das Gesicht der Darsteller).

Die Verwendung des Lichtes kann so weit reichen, dass sie erlaubt, die Wirkung der Inhalte eines Filmwerkes in eine bestimmte Richtung zu lenken und damit dem Content eine spezifische, stets aber interpretierbare Bedeutung zu verleihen. Ein Beispiel dafür ist der Film „Eyes Wide Shut": (1) die Ausleuchtung der Szenen ist „natürlich" (nur die Lichtquellen finden Verwendung, die zu sehen sind); (2) weiches, kontrastreiches und helles Licht sorgt für eine mit dem Inhalt korrespondierende Stimmung; (3) die jeweiligen Tönungen der Lichtfarben (blau, rot) untersetzen in Verbindung mit der Farbe des Bühnenbildes die Aktionen und die Dialoge der Darsteller.

Eine der wichtigsten Techniken (Verfahren) der Filmerzählung ist die Montage (Schnitt). Eine Auswahl des Rohmaterials (früher: mechanischer Schnitt des analogen Filmmaterials, heute: digitaler Schnitt der gespeicherten Aufnahmen) wird in einem Schnittprozess zu inhaltlichen Aussagen gestaltet. Die Aneinanderreihung von Einstellungen zu einer Szene muss durch die Schaffung eines Zusammenhangs zwischen den Protagonisten, der zeitlich dargestellten Handlung und dem Ort die Story und die Filmbedeutung tragen. Bereits in den frühen 20er Jahren des 20. Jahrhunderts wurde die Wirkung der Montage auf die Interpretation der Filmaussage durch Zuschauer bewertet (vgl. Kuleschow-Effekt, in Monaco 2002, S. 429). Gegenwärtig hat der digitale Schnitt mit Hilfe leistungsfähiger Hardware und spezieller Software (Offline-Schnittplatz) den Arbeitsprozess der Filmproduktion radikal modifiziert.

Die Technik diktiert oft auch unmittelbar die Inhalte von Filmen, da durch technische Möglichkeiten bestimmter Content erst möglich wird. Die Vorbereitungen zum Film AI (Artificial Inteligence) hat Stanley Kubrick bereits in den 70er Jahren in Angriff genommen. Durch die mangelnden technischen Möglichkeiten für spezielle Effekte wurde das Filmprojekt zunächst nicht weiter vorangetrieben. Erst in den 90er Jahren wurden die Vorbereitungen wieder intensiviert. Nach dem Tod von Kubrick im Jahre 1999 wurde der Film endgültig von Steven Spielberg mit einer Vielzahl von speziellen Effekten sowohl in der Produktionsphase (sog. F/X Effekte, z. B. Explosionen) als auch in der Postproduktionsphase (digitale Effekte, z. B. Teile der Roboter, Landschaften) realisiert.

> **Technik und Ästhetik im Film**
> Die Technik, die den Film als Medienprodukt konstituiert, beeinflusst seine spätere Wahrnehmung. Damit wird sie zum Teil des Inhalts. Ohne einen umfassenden technischen Aufwand sind filmische Werke nicht denkbar. Immer mehr Filme entstehen nicht mehr am Set, sondern werden mit Hilfe von Grafik-Computern realisiert. Seit dem ersten vollständig am Computer generierten Film „Toy Story" ist eine neue Filmindustrie entstanden. Für sie ist Technik mehr denn je vom Content nicht mehr zu trennen. Der kreative Prozess bedient sich der Technik und setzt sie bei der Ideengenerierung voraus.

Wie man aus der Betrachtung des Films sehen kann, kann man den Content schlecht von anderen Elementen der Medienproduktion trennen. Insbesondere die Technik ist eine bestimmende Größe. Dies ist bei content-basierten digitalen Medienprodukten ein wesentliches Charakteristikum. Diese Abhängigkeit unterscheidet sich allerdings graduell vom Medienprodukt zu Medienprodukt.

3.1.1 Fragen und Aufgaben

1.	Welche Systematik weisen digitale Medienprodukte auf?
2.	Beschreiben Sie am Beispiel des Films den spezifischen Mediencontent!
3.	Inwiefern ist Filmcontent von der Technik abhängig?
4.	Welche Einstellungen der Kamera gibt es im Film und welche Arten der Lichtverwendung?
5.	Was ist Montage im Film?

3.2 Medienprodukte als Hardware

Ohne Medientechnik kann kein Content entstehen. Medientechnik ist vor allem Hardwaretechnik. Die digitale Technik weist jedoch ihre Besonderheiten auf. Da wir uns mit dem Computer bereits auseinandergesetzt haben, greifen wir das Beispiel wieder auf.

Wie wir schon wissen, war die Beschreibung des Aufbaus und der Funktionen eines Computers durch John von Neumann die theoretische Grundlage zur Entwicklung von innovativen Rechnern. Ein Von-Neumann Rechner besteht aus einem Speicher, einem arithmetischen Organ (Rechenwerk), einem Steuer-Organ (Steuerwerk) und einem Eingangs- und einem Ausgangs-Organ (vgl. von Neumann 1955, S. 18). Steuerwerk, Rechenwerk und Speicher werden seit langem zu einer sog. Zentraleinheit zusammengefasst. Die Zentraleinheit ist über Datenleitungen (Kanäle) mit peripheren Geräten für die Ein- und Ausgabe von Daten (Texte, Bilder oder Sprache) verbunden. Die wesentliche Neuerung war bei der Konzeption von Neumanns die Programmsteuerung. Die kodierten Programmbefehle und die zur Verarbeitung notwendigen Daten legte der Rechner im Speicherwerk ab, sodass es möglich war, sehr komplexe Programmabläufe zu bewerkstelligen, ohne das der Mensch eingreifen musste. Die Maschine registrierte verschiedene Zwischenergebnisse und konnte selbst entscheiden, welche Programmteile wiederholt, übersprungen oder zur Berechnung neu einbezogen werden sollten. Dieses Funktionsprinzip bedeutete eine wesentliche Erweiterung gegenüber den ersten Computern, die nur durch lineare Programme gesteuert waren, was logische Verzweigungen im Programmablauf ausschloss. Die Daten, die zur Berechnung notwendig waren, befanden sich zudem nicht im Speicherwerk, sondern wurden von außen eingelesen.

Den schematischen Aufbau eines Von-Neumann-Rechners und seine Funktionen zeigt die nachfolgende Abb. 3.1 (vgl. Schulze 1989, S. 936):

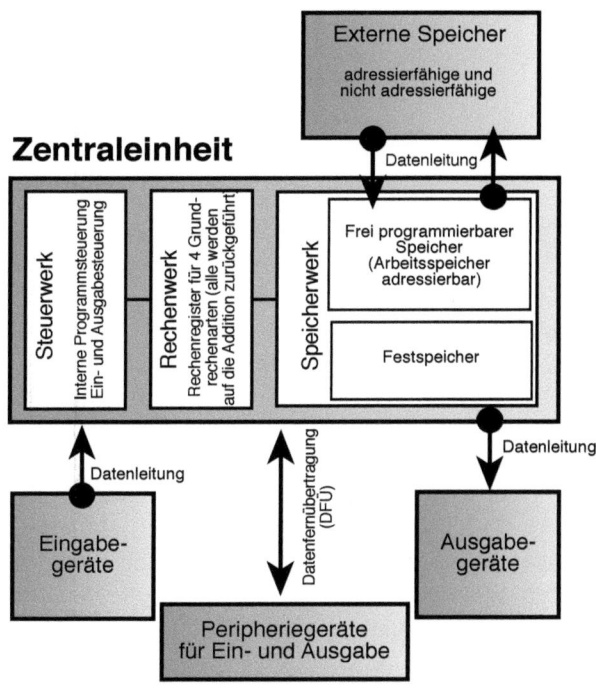

Abb. 3.1 Schema des Aufbaus und der Funktionen des klassischen Von-Neumann-Rechners (Schulze 1989)

Die Bedeutung der Innovation des Von-Neumann-Computers lässt sich in folgenden Punkten wiedergeben (vgl. Graf 1984, S. 50):

1. Sowohl Programme, als auch insgesamt verarbeitete Daten werden in der Maschine selbst gespeichert.
2. Die Programme enthalten solche Befehle, die Verzweigungen ermöglichen (bedingte Befehle, vgl. Kontrollstrukturen der Algorithmen).

3. Die Maschine kann Programmbefehle mit einem Operations- und Adressteil ändern.

Die Grundausstattung eines Computers setzt sich neben der Zentraleinheit auch aus Peripheriegeräten, d. h. Ein- und Ausgabegeräten zusammen. Das bekannteste Eingabegerät ist die Tastatur, die in ihrem Aufbauprinzip an die Schreibmaschine angelehnt wurde. Die Tastatur des Computers ist als Eingabegerät ein gutes Beispiel für das sog. QWERTZ-Phänomen, d. h. für eine unangemessene Anwendung einer alten Technik in neuartigen technischen Lösungen (vgl. Dreyfus & Dreyfus 1988, S. 172). Wie das Problem der Datenerfassung anders gelöst werden kann, zeigen heute die sog. Notepad-Computer, bei denen die Daten mit einem Stift einfach direkt auf den Bildschirm geschrieben werden. Andere bekannte Eingabegeräte sind u. a. Maus, Scanner und alle Arten von Sensoren. Typische Ausgabegeräte sind: Bildschirm (Sichtgerät), Drucker, Zeichnungsgeräte (Plotter), Laserbelichter und Diabelichter usw. In den letzten 20 Jahren ist eine Reihe von Geräten hinzugekommen, die in ihrer analogen Form wenige Berührungspunkte mit der Computertechnik hatten, es sind solche Eingabegeräte wie die digitale Videokamera oder die digitale Fotokamera. Eine besondere Art von Peripheriegeräten sind Netzwerk-Karten und -Anschlüsse, die Daten mit jeder Art von Netzen tauschen können.

Neben dem klassischen Von-Neumann-Computer haben sich in der Vergangenheit andere Computerarchitekturen für bestimmte Aufgaben durchgesetzt. Große Bedeutung errangen sog. neuronale Netze. Neuro-Computer (auch neuronaler Computer, neuronales Netz oder neural network) ist eine Bezeichnung für eine Computerarchitektur, die in Aufbau und Funktionsweise das Neuronen-Netz im menschlichen Gehirn simuliert. Somit wird eine völlig neue Art der Informationsverarbeitung ermöglicht. Das Programmieren solcher Computer (Netze) ist nicht mehr notwendig, vielmehr spricht man dabei vom Trainieren oder Lernen. Die Netze werden nämlich in vielen Durchgängen darauf trainiert, bestimmte Aufgaben (oft aus dem Bereich der Mustererkennung) zu bewältigen.

Die Funktionsweise der neuronalen Netze macht eine neue Art von Computerarchitektur notwendig. Die Verwendung einer großen Anzahl von parallel arbeitenden Recheneinheiten, wie dies bei Neurocomputern zu beobachten ist, bedeutet eine Abkehr von der klassischen Computerarchitektur beim Lösen von bestimmten Problemen aus dem Gebiet der Künstlichen Intelligenz (vgl. Ritter, Martinetz & Schulten 1991; Corcoran 1991; Bar 1991). An Bedeutung erlangten ebenfalls sog. Parallel-Computer, die aus mehreren parallel geschalteten Prozessoren bestehen und somit die jeweiligen Aufgaben in einer wesentlich kürzeren Zeit erledigen, als klassische Rechner. Die traditionellen Aufgaben eines Computers bleiben jedoch bislang eine Domäne der herkömmlichen Computer. Die Aufgabe eines Computers ist die Verarbeitung von Daten und Algorithmen. Was bedeutet das in der Praxis? Jeder Computer (und andere digitale Geräte, wie bspw. eine digitale Kamera) arbeitet auf der Basis von Betriebssystemen und zahlreichen Anwendungen, die Daten verarbeiten. Das bedeutet, dass die Hardware kaum von der Software zu trennen ist. Was sind Daten und Algorithmen genauer? Diesem Thema widmet sich der nächste Abschnitt.

3.2.1 Fragen und Aufgaben

1.	Beschreiben Sie die Bestandteile des Von-Neumann-Computers! Bewerten Sie die Bedeutung dieser Innovation für den Wandel der Medienproduktion!
2.	Was bedeutet das sog. QWERTZ-Phänomen?
3.	Welche Eingabe- und Ausgabegeräte für Computer kennen Sie?
4.	Gibt es andere Computerarchitekturen als klassische Von-Neumann-Computer?
5.	Ist Computerhardware ohne Software sinnvoll nutzbar? Begründen Sie Ihre Meinung!

3.3 Medienprodukte als Software

Algorithmen sind „schrittweise Verfahren zur Berechnung von gesuchten aus gegebenen Größen. (...) Wesentlich ist, dass die Schritte eindeutig beschrieben sind, dass sie für einen Menschen oder Computer ausführbar sind und dass es nur endlich viele Schritte sind. (...)" (vgl. Rechenberg 1994, S. 90).

Es mag zunächst verwirrend sein, dass es Algorithmen für Menschen und/oder Maschinen bzw. Computer gibt. Zunächst ist aber jeder Algorithmus eine strukturierte Vorgehensweise: Für Menschen kann das die Anweisung sein, wie man eine Mohren-Suppe kocht, für die Maschinen die Anweisung, wie man bestimmte Produktionsschritte ausführt (man denkt bspw. an programmierbare Industrieroboter) und für Server die Anweisung, wie man Web-Seiten nach bestimmten Kriterien listet.

Wenn Sie sich gefragt haben, warum Wikipedia bei Anfragen bei Google immer an der ersten Stelle aufgelistet wird, finden Sie die Erklärung in der Struktur und Funktionsweise des zuständigen Algorithmus. Mit Algorithmen beschäftigt sich die Praktische Informatik, auf deren Gebiet die Programmierung eine zentrale Rolle einnimmt. Programmierung bedeutet die praktische Entwicklung, Nutzung und Evaluierung von Algorithmen.

Ein weiteres, für Algorithmen wichtiges Informatik-Gebiet ist die Theoretische Informatik, die sich mit folgenden Fragen beschäftigt (vgl. Rechenberg 1994, S. 164): Wie muss ein minimaler Computer aussehen, der Algorithmen ausführen kann? Wie lassen sich Algorithmen bezüglich der Qualität, Laufzeit vergleichen, ohne einen bestimmten Computer im Auge zu haben? Gibt es für alle Probleme Algorithmen? Kann man die Richtigkeit von Algorithmen testen oder gar beweisen? Die Turingmaschine ist eigentlich ein mathematisches Modell, das alle ausführbaren Algorithmen ausführen kann. Mit anderen Worten, läuft ein Algorithmus auf der Turingmaschine, läuft er auch auf anderen Maschinen, die Turing-Mächtigkeit besitzen (vgl. Abb. 3.2).

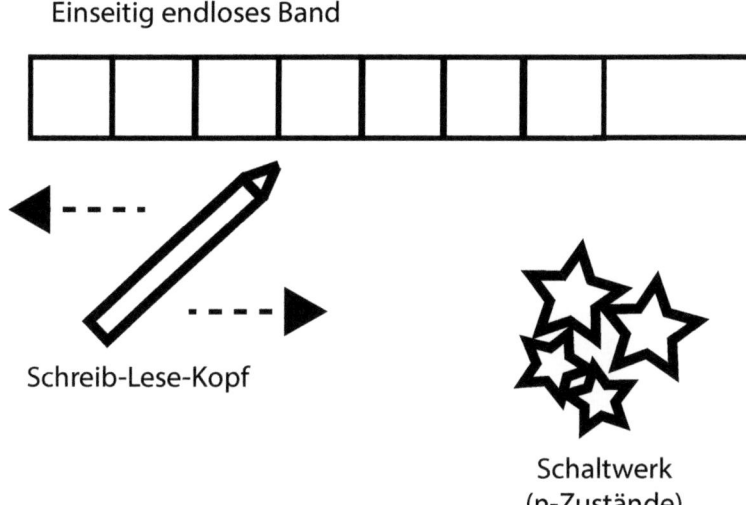

Abb. 3.2 Prinzipieller Aufbau der Turingmaschine

Um den Begriff des Algorithmus besser zu verstehen, schauen wir uns die universelle Turingmaschine genauer an. Der Aufbau dieses theoretischen Computers ist denkbar einfach: Man braucht ein einseitig endloses Band, ein Schaltwerk das n-Zustände annehmen kann und einen Schreib-Lese-Kopf, der sich nach links (L) oder rechts (R) entlang des Bandes bewegen kann.

Dieser einfache Aufbau reicht aus, um Algorithmen auszuführen. Dazu ein Beispiel: Versuchen wir, einen Algorithmus zu entwickeln, der auf der Turingmaschine prüft, ob in den Feldern des Bandes eine 1 oder eine 0 steht und in das erste leere Feld ohne 1 oder 0 ein Begrenzungszeichen $ schreibt. Das dazugehörige Programm sieht folgendermaßen aus (vgl. Rechenberg 1994, S. 168ff.):

(Zustand 1, 0, rechts) := f(zustand 1, 0)
(Zustand 1, 1, rechts) := f(zustand 1, 1)
(Zustand 2, $, rechts) := f(zustand 1, leer)

Man kann das Programm wie folgt lesen: Wenn im Zustand 1 des Schaltwerkes auf dem Band im Feld eine 1 oder eine 0 steht, soll sich der Schreiblesekopf nach rechts bewegen und der Zustand des Schaltwerks nicht verändern. Wenn im Zustand 1 unter dem Schreib-Lese-Kopf eine leere Zelle gefunden wird, so soll das Schaltwerk in Zustand 2 schalten, der Schreib-Lese-Kopf ein $ schreiben und um ein Feld nach rechts vorrücken. Nun ist es egal, wie viele Felder mit 1 oder 0 beschriftet sind, der Schreib-Lese-Kopf wird sich selbständig stets nach rechts bewegen. Die Aufgabe ist erst dann beendet, wenn der Schreib-Lese-Kopf in das erste leere Feld ein Zeichen $ setzt, nach rechts rückt und das Schaltwerk in Zustand 2 wechselt.

Um komplexe Aufgaben angemessen zu realisieren, ist ihre Zusammensetzung auf nur wenige Kontrollstrukturen begrenzt. Es sind:

1. **Sequenz** (Folge) zeigt einen linearen (schrittweisen) Weg der Problemlösung (wenn Du lernen willst, mache folgendes: ...);
2. **Iteration** (Wiederholung: repeat, while) erlaubt, bestimmte Ausführungsschritte zu wiederholen, bis eine Bedingung erfüllt ist (bspw. Lerne so lange, bis 30 min. abgelaufen sind oder lerne so lange, bis Du es auswendig kannst);
3. **Selektion** (Auswahl: if ... then ... else) macht es möglich, eine Bedingung als Voraussetzung für die Auswahl einer geeigneten Handlungsoption festzulegen (wenn der Wecker klingelt, stehe auf, sonst schlafe weiter).

Die angeführten Beispiele erlauben zwar das grundlegende Verständnis für den Begriff „Algorithmus", sie zeigen aber kaum die tatsächliche Bandbreite des Wissensgebietes. Durch das Aufzeigen ihrer Auswirkungen auf softwarebasierte Medienprodukte lässt sich ihre Bedeutung höchstens emotional oder intuitiv erfassen. Algorithmen müssen aber auf der Ebene ihrer Auswirkungen auf Medienprodukte wissenschaftlich erfasst und reflektiert werden.

Algorithmen bestimmen unsere Welt
Während ein Algorithmus, der für Schalleffekte in einem Musikeditor sorgt, noch als gesellschaftlich „harmlos", wenn auch nicht folgenlos für die Musikproduktion und die Musikbranche, eingestuft werden kann, lässt sich das gleiche nicht von Algorithmen behaupten, die bspw. die Auswahl von Nachrichten für Google-News vornehmen. Algorithmen strukturieren gegenwärtig das gesellschaftliche Leben in vielen Bereichen, ohne dass sie von der Sozialwissenschaft als Forschungsgegenstand erkannt werden. Aber sogar bei Erkennung eines Problemfeldes sind angemessene wissenschaftliche Vorgehensweisen ohne ein angemessenes Methoden-Repertoire schlecht möglich. Interdisziplinär ausgerichtete Forscher, sofern es sie in manchen Fächern überhaupt gibt, sitzen dabei oft „zwischen den Stühlen" und werden weder von den Einen noch von den Anderen als Forschungspartner begrüßt. Das mangelnde Verständnis der wissenschaftlichen Disziplinen für einander ist allerdings in der digitalen Medienwelt auf lange Sicht gesellschaftlich nicht zu verantworten.

Neben dem Begriff des Algorithmus ist der Begriff der Daten von großer Bedeutung. Daten sind die Voraussetzung und das Ergebnis der Arbeit mit Algorithmen. Algorithmen verarbeiten Daten, sind aber selbst Daten. Im Prinzip heißt das, dass Algorithmen prinzipiell auch sich selbst verarbeiten können. Davon einmal abgesehen: Daten bedeuten die elementaren „Dinge" (z. B. Entsprechungen der Wirklichkeit) die verarbeitet werden. Sie sind etwas Passives. Algorithmen sind Handlungen, also etwas Aktives. Daten haben eine bestimmte Struktur, Eigenschaften (Attribute) und stehen untereinander in einer bestimmten Beziehung (Relation). Rechenberg führt aus: „Alles was zähl- und messbar ist, kann durch binärcodierte Daten ausgedrückt werden. Das sind nicht nur Zahlen und Texte, sondern alle physikalischen Größen und ihre zeitlichen Verläufe, insbesondere optische und akustische Größen, also Bilder, Sprache und Musik. Das wiederum hat die

Konsequenz, dass Bilder, Sprache und Musik von Computern erzeugt und verarbeitet werden können." (Rechenberg 1994, S. 19).

> **Algorithmen brauchen Daten**
> Anders als zu Anfangszeiten des Computers ist das Problem nicht, dass es zu wenige Daten gibt. Vielmehr generieren wir alle durch von uns genutzte mobile und netzbasierte Medienprodukte eine enorme Menge an Daten. Diese Daten werden inzwischen gezielt gesammelt und ausgewertet, um uns bspw. personalisierte Werbung zu präsentieren oder spezifische Konsumartikel anzubieten, für die wir uns interessieren könnten. Allerdings ist mit solchen persönlichen Daten noch mehr anzufangen und es gibt inzwischen mit dem Begriff **„Big Data"** eine Bezeichnung für das Phänomen der gezielten Auswertung von großen Datenbeständen. Leistungsfähige Algorithmen erledigen nach Vorgaben die Recherche und liefern Ergebnisse, die sich sehr gut an kommerzielle Interessenten verkaufen lassen. Eine überragende Zukunftsvision ist dies leider nicht.

Wenn wir binärcodierte Daten sehen, so ist für uns kaum ersichtlich, worum es sich dabei handelt. Die Symbolabfolge (z. B. auf der Festplatte gespeicherte Zustände „positiv magnetisiert" und „negativ magnetisiert") 01001011 kann alles bedeuten: eine Zahl, ein Buchstabe eines bestimmten Alphabets, ein Teil eines Bildes oder ein akustisches Signal usw. Die zwei Symbole 1 und 0 sind Binärzeichen (Bit = binary digit) und gehören dem kleinsten Alphabet an, dem binären Alphabet. Die Kombination der Binärzeichen erlaubt uns, alle vorstellbaren Zeichenmengen (man sagt dazu Alphabete) darzustellen und im Computer zu verarbeiten. In unserem Beispiel nennt man die Kombination von 8 Zeichen ein Byte, wodurch sich 256 Symbole eines Alphabetes darstellen lassen ($2^n = 2^8 = 256$). Damit wir wissen, was unsere Symbolabfolge bedeutet, müssen wir genau wissen, um was genau es sich dabei handelt. Wir müssen den sog. Datentyp kennen. Wenn unsere Symbolabfolge zum Datentyp „Char" (charakter = Text) gehört und mit einem standardisierten Code (z. B. ASCII = american standard code for information interchange) erfasst wurde, dann haben wir es mit dem Zeichen „K" zu tun. Datentypen haben also eine Struktur, eine Bedeutung (Repräsentation) und lassen sich nur mit bestimmten Operationen bearbeiten (vgl. Bruns & Klimsa 2001, S. 419f.). Die Datenrepräsentation kann nur einen begrenzten Wertebereich haben, da sich mit Hilfe eines Computers unendliche Daten nicht verarbeiten lassen. Datentypen werden in den Programmiersprachen implementiert, damit man sie nicht immer wieder neu definieren muss und dann auch noch von Anwendung zu Anwendung unterschiedlich (Abb. 3.3), wie dies in der Anfangszeit des Computers der Fall war.

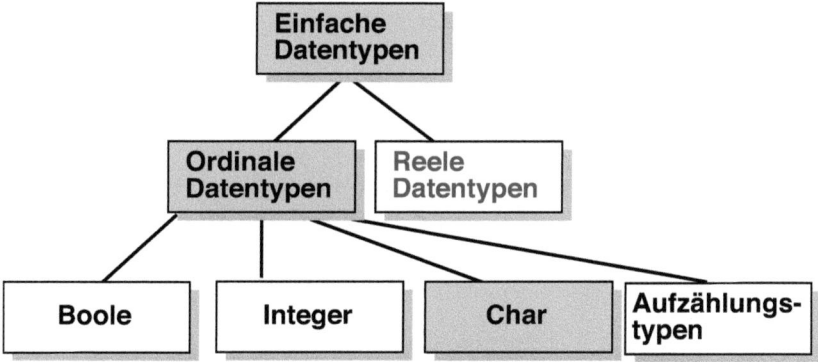

Abb. 3.3 Definierte Datentypen: Char als Datentyp gehört zu den ordinalen (Reihenfolge der Werte ist festgelegt) und einfachen (endliche Anzahl der Werte) Datentypen. Alle einfachen Datentypen sind konkrete Datentypen, da sie allesamt konkrete Wertebereiche und die darauf gerichtete Operationen haben.

Ein Programmierer kann rasch auf vordefinierte Datentypen zurückgreifen und so die Datenverarbeitung effizienter in der Software implementieren. Die Implementierungen von digitalen Medien kann man sich auch als spezielle Datentypen vorstellen. Was sind also genau digitale Medien?

Digitale Medien sind solche Medien, die binär codiert sind und damit computerbasiert verarbeitet werden können. Sie weisen die Eigenschaften der Hybridisierung (die digitalen Medien können miteinander dauerhaft zu einer neuen Instanz verknüpft werden), der Interaktion (digitale Medien können miteinander oder mit den Nutzern interagieren, d. h. algorithmisch um bestimmte Aktionen angereichert werden) sowie der Integration (digitale Medien lassen sich für die Nutzung vereinheitlichen – auch standardisieren – und damit einheitlich auf einer Computerplattform handhaben). Digitale Medien können, müssen aber nicht, eine analoge Entsprechung haben (ein analoges Pendant wie z. B. analoges Video), von der sie häufig die standardisierten Größen übernehmen (Anzahl der Bilder pro Sekunde, Auflösung, Format usw.). So eine Übernahme ist jedoch für die Lauffähigkeit digitaler Medien auf dem Computer nicht zwingend notwendig. Die Zusammenhänge veranschaulicht die Abb. 3.4.

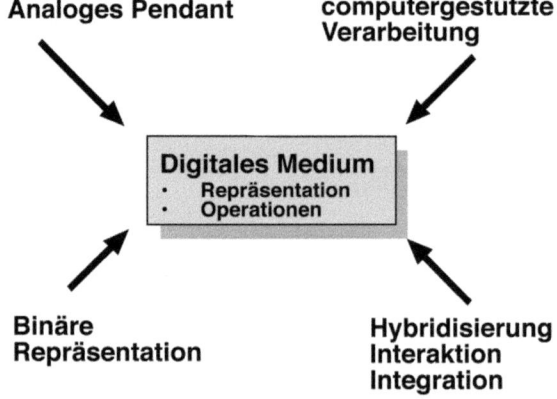

Abb. 3.4 Digitales Medium

Digitale Medien werden wie Datentypen auf Computersystemen implementiert und als Medientypen bezeichnet. Sie charakterisieren sich durch ihre Repräsentation und anwendbare Operationen. In der folgenden Übersicht sind wichtige Medientypen zusammengefasst.

Medientyp	Repräsentation	Operationen
Zeitunabhängige (diskrete) Medien		
Text	ASCII, ISO, MarkUp-Text, Hypertext usw.	editieren, formatieren, sortieren, verschlüsseln, komprimieren usw.
Pixelbild (Image)	Farbmodell, Farbkanäle und Alpha-Kanal, Farbtiefe, Auflösung, Aspect Ratio der Pixel, Indizierung usw.	editieren, Filter einsetzen, Compositing, Transformation, Konvertierung, Kompression usw.
Grafik	Vektoren, geometrische (OpenGL) physikalische sowie empirische Modelle usw.	editieren, Shading, Mapping, Lighting, Viewing, Rendering, usw.

Medientyp	Repräsentation	Operationen
Zeitabhängige (kontinuierliche) Medien		
Video	Frame-Rate, Daten-Rate, Sampling-Rate, Quantisierung, Aspect-Ratio, Kompression (Codec), usw.	editieren, speichern, digitale Effekte und Filter anwenden, Synchronisation, Zugriff usw.
Audio	Sampling (Frequenz), Sample-Größe, Quantisierung, Kanal-Anzahl, Interleaving, Kompression (Codec)	editieren, speichern, digitale Effekte und Filter anwenden, Synchronisation, Zugriff usw.
Musik	MIDI	editieren und komponieren, abspielen, FM-, AM- oder Wavetable-Synthese usw.

| Animation | Modelle (Zellen-, Szenen-, Ereignis-Orientierung), Key-Frames usw. | Grafik-Operationen, Bewegungskontrolle, Parameterkontrolle, Rendering, abspielen |

Medientyp	**Repräsentation**	**Operationen**
Hybride Medien		
Zeitunabhängiges Video	Strukturierte Einzelbilder, Paralaxen-Fehler-Korrektur	Steuerung des Ablaufs
Speech-Audio	Speech-Kodierung, Speech-Synthese	Text-Sprache-Transformation
Digital Ink (digitale Handschrift)	Bitmap, Muster- und Schrifterkennung	editieren, in Medientyp Text umwandeln

Klimsa & Bruns weisen mit Zeitverhalten auf ein wichtiges Kriterium zur Unterscheidung von Medientypen hin. Da alle digitalen Medien intern binär repräsentiert sind, bedeutet digitales Video eine Reihe von Einzelbildern (*Frames*) und digitales Audio eine Reihe von Abtastwerten (*Samples*). Die Daten sind damit zunächst statisch. Erst ihre Darstellung erfordert eine zeitliche Spanne und macht die Medien zu zeitabhängigen (d. h. kontinuierlichen) Medien. Für die Darstellung von Text oder einzelnen Pixelbildern spielt die Zeit keine Rolle (Klimsa & Bruns 2001, S. 421). Die Medientypen werden von Verarbeitungskomponenten übernommen, bearbeitet und weitergegeben. Unter Verarbeitungskomponenten verstehen wir also solche Komponenten eines Multimediasystems, die

1. digitale Medien erzeugen und über definierte Schnittstellen weiterleiten (Erzeugungskomponenten),

2. digitale Medien über definierte Schnittstellen übernehmen und durch die Anwendung von Operationen nutzen (Bearbeitungskomponenten) und
3. digitale Medien verändern (Transformationskomponenten).

> **Beispiel**
> Ein Datenstrom mit digitalem Video wird durch entsprechende Hardware (z. B. Videodigitalisierungskomponente) erzeugt und an spezielle Software (z. B. Videoeditor) weitergeleitet, sodann mit Hilfe von Filtern (z. B. PlugIns für die Software) mit Überblendungseffekten versehen.

Die realisierte Komposition digitaler Medien kann nach geometrischen Kriterien (Größe, Position usw.), zeitlichen Kriterien (Präsentationsreihenfolge, Dauer usw.) und die jeweiligen Komponenten übergreifenden Kriterien (Konfiguration usw.) erfolgen.

3.3.1 Fragen und Aufgaben

1.	Beschreiben Sie den prinzipiellen Aufbau und die Funktionsweise einer Turingmaschine!
2.	Welche theoretische Relevanz hat eine Turingmaschine?
3.	Welche Kontrollstrukturen von Algorithmen gibt es? Beschreiben Sie sie kurz!
4.	Was bedeutet der Begriff „Big Data" und warum wird er kritisch diskutiert?
5.	Was sind Datentypen und warum sind sie bei der Datenverarbeitung und Programmierung wichtig?
6.	Was sind digitale Medien und was sind Medientypen?
7.	Welche Medientypen können Sie benennen? Was bedeutet dabei der Begriff „zeitbasierte Medien"?

3.4 Zusammenfassung

Zwischen den digitalen Medienprodukten, die wir hier als Content, als Hardware und als Software (Algorithmen/Daten) systematisiert haben, besteht ein fester Zusammenhang: Ohne Hardware (z. B. Videokamera als Medienprodukt, welche die Daten erzeugt) ist die spätere Ausführung einer Software-Anwendung (z. B. Videoeditor als Medienprodukt, der die Daten verarbeitet) nicht sinnvoll und es kann kein Content (Video-Bericht als Medienprodukt, der die Daten als einen Bedeutungszusammenhang präsentiert) produziert werden.

Aufgrund dieses Zusammenhangs können wir drei Abstraktionsschichten definieren: Hardware, Software und Content. Natürlich können wir nach wie vor digitale Medienprodukte als Systeme betrachten und die Systematik von Rohpol (vgl. Kapitel 1) nutzen. Beide Systematiken widersprechen sich nicht, sie sind für unterschiedliche Nutzungszwecke geeignet. Die Abstraktionsschichten sollen die Komplexität des Begriffes Medienprodukt veranschaulichen, während die Systematik von Rohpol dabei helfen kann, Medienproduktionssysteme zu beschreiben.

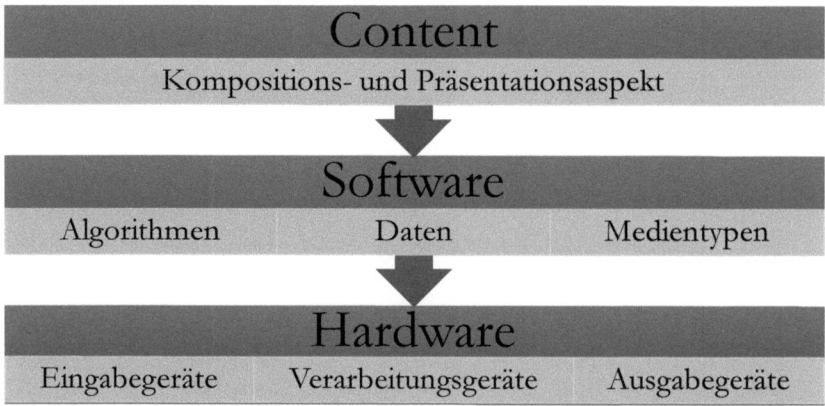

Abb. 3.5   Abstraktionsschichten der Medienprodukte

Aus den Ausführungen wird auch klar, dass die Fragestellung der Informatiker oder Medientechnologen eine andere ist, als die der Wirtschaftswissenschaftler oder der Sozialwissenschaftler. Ohne die Berücksichtigung der Soziotechnik und soziotechnischer Systeme wird jedoch jede Sozialwissenschaft, die sich auf die gesellschaftlichen Probleme richtet, kaum wertvolle Beiträge zur Reflexion der Medien-Entwicklungen der letzten Jahre liefern. Sichtbar wird der Mangel z. B. in der Politik. Sie ist in der letzten Zeit kaum in der Lage, den technischen Entwicklungen hinterher zu kommen.

Technologieunternehmen sind der Politik und auch der Wissenschaft stets einen Schritt voraus, egal ob es sich um Big Data, um Datenmissbrauch oder um Innovationen im Medienbereich handelt. Manche Firmen finanzieren Forschungsinstitute (z. B. Google an der Humboldt-Universität), andere investieren in Entwicklung von Software und nicht in die Entwicklung von Motoren (wie sich das z. B. 2016 bei Volkswagen zeigte).

Die ernsthafte Beschäftigung der Politik mit Medien darf sich nicht auf Aussagen wie „Wir wissen alle, dass Fernsehen dick, dumm traurig und gewalttätig macht" (wie das einmal die damalige Familienministerin Ursula von der Leyen ausdrückte) beschränken. Es ist nach wie vor die Armut, die Menschen dick, traurig, dumm und gewalttätig macht und sie aus Mangel an Alternativen vor dem Fernseher festhält. Die Verantwortung liegt nie bei den Sachsystemen, sondern stets bei den sozialen Systemen. Es sind immer die Menschen, die Technik entwickeln und anwenden.

4 Medienproduktforschung: Methoden

In diesem Kapitel wenden wir uns der Frage zu, welche Methoden zur Erforschung digitaler Medienprodukte besonders geeignet sind und wie gestaltet man dabei den eigenen Forschungsprozess. Nicht alle Methoden sind gleich gut, um die gestellten Forschungsfragen zu beantworten. Auch dadurch, dass Medienprodukte stets in den drei Elementen der Medienproduktion verankert sind und Content, Technik sowie Organisation der Produktionsprozesse nur analytisch trennbar sind, ergeben sich im Forschungsprozess verschiedene Vorgehensweisen. Interdisziplinäre Forschungszugänge sind oft monodisziplinären vorzuziehen. Die Nutzung mehrerer Methoden hilft dabei, dass die Zusammenhänge von Elementen der Medienprodukte angemessen betrachtet werden.

Aus der Einführung wissen wir, dass Wissenschaft ein System von Handlungen ist, die das Wissen über einen Gegenstandsbereich systematisch mit anerkannten Methoden erarbeiten (Forschung) und publizieren (wissenschaftlicher Diskurs) sowie organisiert weitergeben (Lehre). Wissenschaft ist damit ein anerkanntes System, in dem Forschung und Lehre organisiert und betrieben werden. Wie wir der Definition der Methoden entnehmen können, sind sie als Werkzeuge zu begreifen, mit deren Hilfe Erkenntnisse gewonnen und strukturiert dargestellt werden können. Damit wird eine Voraussetzung geschaffen, um wissenschaftlichen Diskurs sowie Lehre zu fundieren. Methoden sind somit bedeutende Hilfsmittel, um Teile der Realität zu erfassen. Wenn uns Methoden als objektive Werkzeuge zur Seite stehen, so sind jedoch weder die Realität noch ihre Abbildung in der wissenschaftlichen Fragestellung objektiv. Wir dürfen nicht vergessen, dass es sich stets um subjektive Konstruktionen handelt, die wir selbst aufstellen oder im intersubjektiven Akt der Kommunikation, z. B. im Rahmen eines wissenschaftlichen Diskurses, mit anderen gemeinsam definieren.

Methoden können wir unterschiedlich systematisieren. Technikwissenschaften, Naturwissenschaften, Sozialwissenschaften oder Geisteswissenschaften nutzen unterschiedliche Methoden oder kombinieren eigene Methoden bzw. Methoden anderer Wissenschaften, um eigene Fragestellungen zu beantworten. Selten nur reicht eine einzige Methode aus, um fundierte Erkenntnisse zu gewinnen. Welche Methoden gibt es überhaupt und wie lassen sie sich systematisieren? Dieser Abschnitt führt in die Methodenproblematik ein und zeigt, welche Methoden die jeweiligen wissenschaftlichen Disziplinen nutzen und welche sich besonders gut für die Medienproduktforschung eignen.

4.1 Methoden der Technikwissenschaften

Was ist das Anliegen der Technikwissenschaften? Eine Definition fasst es folgendermaßen zusammen: „Technikwissenschaften schaffen kognitive Voraussetzungen für Innovation in der Technik und Anwendung technischen Wissens und legen die Grundlagen für die Reflexion ihrer Implikationen und Folgen" (Acatech 2013, S. 8). Innovation, Technik und ihre Anwendung sowie ihre Folgen stehen im Mittelpunkt der Technikwissenschaften. Die Beschäftigung mit diesen Themen erfolgt systematisch auf der Basis von wissenschaftlichen Methoden. Die Aktivitäten der Technikwissenschaften kann man folgendermaßen wiedergeben (Acatech 2013, S. 9):

„1. Die Technikwissenschaften erforschen die Prozesse und entwickeln die Methoden, die der Ingenieur anwenden und umsetzen soll. Nur mit diesen Methoden wird es möglich, über Modellbildungen und daraus abgeleitete Simulationen die Funktionsfähigkeit komplexer Systeme im Vorhinein zu beurteilen und ihre Auswirkungen zum Beispiel für die Umwelt zu erfassen.
2. Die Technikwissenschaften bewerten bestehende komplexe Systeme im Hinblick auf Lösungsfähigkeit zu gesellschaftlich anerkannten Problemen und erforschen die zugehörigen wissenschaftlichen Grundlagen.

3. Die Technikwissenschaften helfen dem praktisch tätigen Ingenieur bei der Auswahl der Komponenten eines Systems und bei der Beurteilung der Lebensdauer und des Sicherheitsrisikos dieser Komponenten."

Welche Methoden stehen den Technikwissenschaften zur Verfügung? Einige Methoden sind für Technikwissenschaften essenziell. Ohne Messung oder Simulation lassen sich keine Rückschlüsse auf bestehende oder geplante technische Systeme ableiten. Für die Bewertung der bestehenden Systeme oder die Entwicklung von neuen Systemen sind neben strikt technikwissenschaftlichen Methoden solche Methoden notwendig, die man für die Usability-Forschung oder gar für Sozialwissenschaften (Befragung, Gruppendiskussion usw.) nutzt. Einige wichtige Methoden, die vor allem durch die Technikwissenschaften genutzt werden, sollen an dieser Stelle kurz vorgestellt werden.

Messung

Die Messverfahren und die Messgeräte werden von der Metrologie erforscht. Die Umsetzung ihrer Ergebnisse bezeichnen wir als Messtechnik. Die Messtechnik wird von den vier Teilen der DIN 1319 definiert. Die DIN 1319-1 legt die Grundlagen der Messtechnik fest; die DIN 1319-2 beschreibt die Messmittel und ihre Anwendung; die DIN 1319-3 zeigt wie einzelne Messgrößen und die Messunsicherheit ermittelt werden; die DIN 1319-4 behandelt die Unsicherheiten bei der Messungsauswertung und ihre Behandlung (z. B. Ausgleichsrechnung). Die Messung als die Notwendigkeit zur Bestimmung einer Größe begegnet uns stets im Alltag. In der Küche muss Zucker oder Milch abgemessen werden, die Raumtemperatur wird gemessen, im Auto beachten wir (hoffentlich) die Geschwindigkeit auf dem Tachometer, Waren können ohne die Messungen von Massen und Volumen nicht ausgetauscht werden. Es lassen sich etliche weitere Beispiele anführen, die zeigen, dass wir ohne die Methode der Messung unsere Umwelt nicht gestalten und handhaben können.

Nach Schröter (1997, S. 4) ist Messung „(...) der experimentelle Vorgang zum quantitativen Vergleich zwischen einer Messgröße und einer

Bezugsgröße mit Hilfe einer **Messeinrichtung**. Das ermittelte Resultat der Messung wird **Messwert** genannt. Der Messwert wird in Form eines **Produktes** aus einem **Zahlenwert** und einer **Einheit** dargestellt. Dem Zahlenwert entnimmt man den **Betrag** und der Einheit die **Art** der Messgröße. In einfachen Fällen ist dieser Messwert schon das **Ergebnis** der Messung (z. B. Längenmessung mit einem Lineal). In anderen Fällen wird aus mehreren Messwerten mit Hilfe einer bekannten eindeutigen **Rechenvorschrift** (z. B. Volumen als Produkt von drei orthogonalen Längen) das **Messergebnis** ermittelt. Die physikalische Größe, welche wir messen wollen, die **Messgröße**, ist eine Eigenschaft des Messobjektes. **Messobjekte** sind z. B. Körper, technische Prozesse oder Zustände." Schröter fügt ergänzend drei wichtige Forderungen hinzu, gegen die oft verstoßen wird. Es sind „(...) so wenig Messorte wie nötig, so wenig Messungen wie nötig, so wenig Messgenauigkeit (= Aufwand) wie nötig." (ebd. S. 3). Vor allem die letzte Forderung erscheint paradox. Messungen müssen doch sehr genau sein, da dies die Grundlage der Planung, Entwicklung und Handhabung von komplexen technischen Systemen ist. Doch für die größtmögliche Effizenz muss die Messgenauigkeit noch vor der Messung ermittelt werden." (vgl. ebd. S. 3 und über Messfehler S. 19ff.)

Die Messung ist aus der Sicht der Medienproduktforschung bei allen technisch zu bestimmbaren Messgrößen von Bedeutung. Beispielsweise die Bestimmung von Farbwerten einer digitalen Kamera lässt sich naturgemäß nur mit Hilfe einer Messung durchführen. Aber auch komplexe Systeme, wie z. B. Fernsehproduktionsstudios, können nicht ohne Messung realisiert und gehandhabt werden. Die Messung ist die Grundlage der technisch orientierten Medienproduktforschung.

Simulation
In den Technikwissenschaften spielt die Simulation eine zentrale Rolle. Vor allem für die Planung von komplexen technischen Systemen ist diese Methode unerlässlich. Wenn ein Automobil entwickelt wird, gibt uns der Fahrsimulator Auskunft über die zu realisierenden Leistungen

und über das Verhalten der jeweiligen Funktionen unter angenommenen Praxisbedingungen. Es wäre nicht vertretbar, ein Flugzeug zu bauen, ohne vorher das Modell im Windkanal zu testen. Auch wenn das System zu schnell arbeitet, um die jeweilige Funktionen zu prüfen und zu verändern, hilft die Simulation, wie dies bspw. bei der Entwicklung von Schaltkreisen der Fall ist. Immer wenn wir das komplexe System nicht direkt beobachten können, greifen wir zur Simulation. Die Simulation kann statisch (Zeit wird nicht berücksichtigt) oder dynamisch (Zeit spielt als Faktor eine wichtige Rolle) sein oder aber stochastisch (der Zufall wird berücksichtigt) bzw. deterministisch (Zufälle werden ausgeschlossen). Die Simulation können wir ohne die Hilfe des Computers realisieren (z. B. Windkanal, Crashtest) oder wir nutzen Computermodelle zur Simulation. Gegenwärtig, wenn wir von einer Simulation sprechen, meinen wir meist Computersimulationen, die von fast allen wissenschaftlichen Disziplinen genutzt werden und frühere Formen der Simulation ersetzt haben. Computersimulationen sind in der Wirtschaft (bspw. Planspiele, Unternehmenssimulation, Lagerhaltung, Logistik), als Berechnungsmodelle in der Physik, Biologie oder Chemie, als Klimasimulationen in der Meteorologie sowie als z. B. Simulation des Gruppenverhaltens in den Sozialwissenschaften verbreitet. Mit der Entwicklung der Virtual Reality entstanden weitere Möglichkeiten, Simulationen in Echtzeit unter Bedingungen der Immersion zu realisieren.

> Simulation wird in der auf Technik fokussierten Medienproduktforschung oft genutzt. Zahlreiche Möglichkeiten der Anwendung ergeben sich aus der Medientechnik. Die Simulationen von Mediengeräten oder von komplexen Medienverbundsystemen (z. B. Studiotechnik) werden in der Medientechnik verwendet, um neue technische Entwicklungen zu realisieren. Hilfreiche Simulationssoftware, wie u. a. MatLab bzw. die grafische Entwicklungsumgebung Simulink, erlaubt es, Modelle festzulegen und Simulationen durchzuführen (vgl. Pietruszka 2014).

Bossel (2004) gibt einen sehr guten Überblick über die theoretischen Voraussetzungen, die Systematik und über Anwendungsbereiche der Simulation. Er nennt fünf Schritte im Modellbildungsprozess, die eine feste Grundlage der Simulation bestimmen. Es sind: Entwicklung des Modellkonzeptes, Entwicklung des Simulationsmodells, Simulation des Systemverhaltens, Eingriffsplanung und Systementwurf, Analyse von Modellsystem und verhalten (vgl. Bossel 2004, S. 25). Für die Qualität der Ergebnisse einer Simulation ist stets das verwendete Modell der Wirklichkeit verantwortlich. Modelle sind vereinfachte bzw. auf wenige Elemente reduzierte Abbildungen der Realität. Je genauer das Modell die Realität abbildet und je komplexer es ist, umso komplexer ist dann die Simulation. Die Klimasimulation kann nur vereinfachte Modelle nutzen. Die Wettervorhersage ist nur beschränkt prospektiv möglich. Die Simulation eines geplanten Motors kann dagegen auf alle bzw. auf fast alle funktionalen Elemente in dem Modell zurückgreifen.

Prototyping und Rapid Prototyping
Ein Prototyp (vgl. Liou 2007, S. 13ff)) bedeutet in der Technik, dass ein frühes Exemplar einer geplanten Entwicklung gebaut wird, um das Verhalten des Artefaktes unter realen Bedingungen zu testen. Ein Prototyp eines Automobils erlaubt den Entwicklern eventuelle Systemfehler zu sehen, aber auch Potenziale der Optimierung. In der Informatik nutzt man Prototypen als sog. Entwurfsmuster (Design Pattern) zur Erzeugung von neuen Instanzen (Kopien), die an neue bzw. veränderte Anforderungen angepasst werden können. Neue technische Medienprodukte, ob als Hardware oder auf Algorithmen basierend, werden mit Hilfe des Prototyping entwickelt. In der Abb. 4.1 sehen wir die Formen des Prototyps am Beispiel eines Handys.

Rapid Prototyping bedeutet eine rasche Erstellung von Modellen, die sich aus im Computer verfügbaren Konstruktionsdaten ergeben. In den 80er Jahren wurde dank der Einführung von CAD eine enorme Beschleunigung bei der Erstellung von Modellen erzielt. In der Informatik gibt es Anwendungen, die es erlauben, Prototypen der geplanten Software zu generieren. Sie werden ebenfalls unter dem Begriff Rapid Prototyping subsumiert.

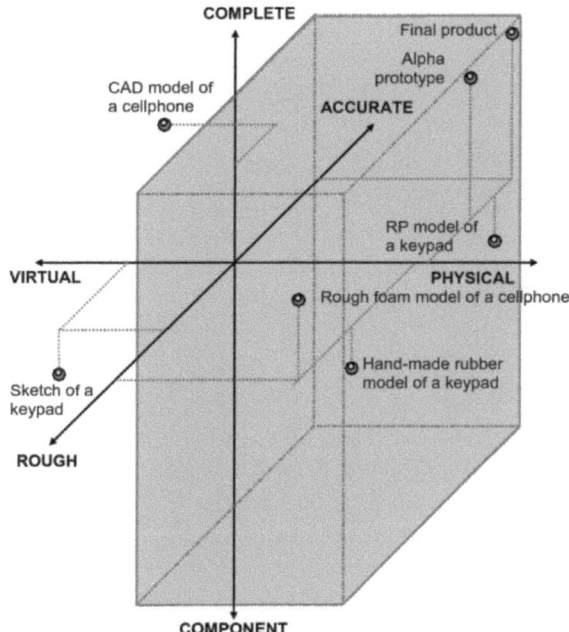

Abb. 4.1 Formen von Prototypen angeordnet entlang der Achsen: virtueller oder physikalischer Prototyp; vollständiger oder partieller Prototyp; exakter oder musterhafter Prototyp (Quelle: Chua et al. 2010)

Prototyping und Rapid Prototyping (vgl. Chua et al. 2010) sind zum einen eine wichtige Phase der Produktentwicklung und zum anderen insgesamt ein bedeutender Faktor bei der Entstehung von Innovationen. Wenn wir Produkte in Form von 3D-Drucker-Erzeugnissen oder in Form von virtuellen Modellen innerhalb kurzer Zeit betrachten können, lassen sich Veränderungen und Anpassungen vornehmen, die früher in dieser Form gar nicht möglich waren. Die durch die Digitalisierung möglich gewordenen, zeitlich nahen Rückschlüsse auf das künftige Produkt erlauben völlig neue Konzepte der Produktentwicklung. Zeit, Kosten und Qualität lassen sich besser einschätzen, womit ein Innovationsvorsprung entstehen kann.

> Für die Medienproduktforschung bedeuten Prototyping und Rapid Prototyping Vorteile bei der Erfassung von neuen Entwicklungen, die bereits als Modelle künftiger Medienprodukte untersucht werden können. Prototyping bietet zwar die Möglichkeit zur Erforschung eines geplanten Medienproduktes (Hardware, Software), aber die Medienproduktforschung selbst nutzt die Methode zur Generierung von Modellen nicht.

Heuristiken

Heuristiken nennt man solche Verfahren, die es erlauben, mit einem unvollständigen Wissen zu wissenschaftlich nutzbaren Ergebnissen zu kommen. René Descartes (1596-1650) versuchte durch die Zerlegung des Gesamtproblems in kleine Bestandteile, die sich dann mithilfe der Intuition beantworten ließen, zu erreichen, das komplexe Gesamtproblem insgesamt zu lösen (Descartes 1637, Übersetzung von 1870, Auflage 2013). Diese Zerlegung der komplexen Probleme führte in der Folge zum wesentlichen Fortschritt der Wissenschaften, sie führte aber gleichzeitig dazu, dass durch die Isolierung von Teilproblemen, das Ganze oft aus dem Blickwinkel der Wissenschaftler verschwand. Beispielsweise vermag gegenwärtig die Medizin hervorragende Leistungen in Einzelgebieten erbringen (u. a. Transplantationsmedizin, Herzoperationen), sie hat es aber nicht geschafft, ganzheitliche Systemkrankheiten, wie bspw. Krebs, Alzheimer oder Multiple Sklerose, ausreichend zu begreifen und dagegen wirksame Behandlungsmethoden zu entwickeln.

Gegenwärtig profitiert von dem Ansatz der Heuristik unter anderem die Informatik. Der Begriff des Algorithmus ist an die Bedeutung der Heuristik als gesicherte Vorgehensweise angelehnt, die durch Teilaufgaben zur Lösung der Gesamtaufgabe beiträgt bzw. Gesamtlösungen durch Laufzeitoptimierung möglich macht. Die Optimierung von Suchverfahren in Datenbeständen, Fuzzy Logik (unscharfe Logik, die Unsicherheiten und Vagheit erfasst) oder evolutionäre Algorithmen (ein an die Evolution in der Natur angelehntes Optimierungsverfahren). Die Heuristik wird dann angewendet, wenn exakte Berechnungsverfahren nicht möglich sind und eine optimale Lösung nicht sichergestellt werden kann.

> Die Medienproduktforschung greift auf die Heuristik als Auswertungsmethode der empirisch erfassten qualitativen Daten zu. Nach den zuvor aufgestellten Regeln, die von der Forschungsfrage abhängen, werden nach und nach die Teilergebnisse zusammengetragen und so das Gesamtbild bestimmt. Die Erfahrung der Forschenden spielt dabei eine wichtige Rolle. Geringe Erfahrungen in der Medienwelt und im Umgang mit Medienfragen oder Medienexperten ist, genauso wie eine „falsche" Perspektive auf die Wirklichkeit, eine relevante Fehlerquelle.

Auch Psychologie, Philosophie, Chemie, Wirtschaftswissenschaften und natürlich auch die Mathematik nutzen Heuristiken, um nachvollziehbare Ergebnisse zu erreichen. Die jeweiligen Ergebnisse hängen von den zuvor aufgestellten Regeln ab. Je näher sich die Regeln an dem zu lösenden Problem bewegen, umso zuverlässiger ist auch das erzielte Ergebnis.

Usability und User Experience (UX)
Die Norm DIN ISO 9241-11 definiert Usability als „das Ausmaß, in dem ein Produkt durch bestimmte Benutzer in einem bestimmten Nutzungskontext genutzt werden kann, um bestimmte Ziele effektiv, effizient und zufriedenstellend zu erreichen (vgl. DIN EN ISO 9241-11).

Die Norm DIN ISO 9241-210 definiert User Experience (UX) als „Wahrnehmungen und Reaktionen einer Person, die aus der tatsächlichen und/oder der erwarteten Benutzung eines Produkts, eines Systems oder einer Dienstleistung resultieren. [...] Dies umfasst alle Emotionen, Vorstellungen, Vorlieben, Wahrnehmungen, physiologischen und psychologischen Reaktionen, Verhaltensweisen und

Leistungen, die sich vor, während und nach der Nutzung ergeben (vgl. DIN ISO 9241-210).

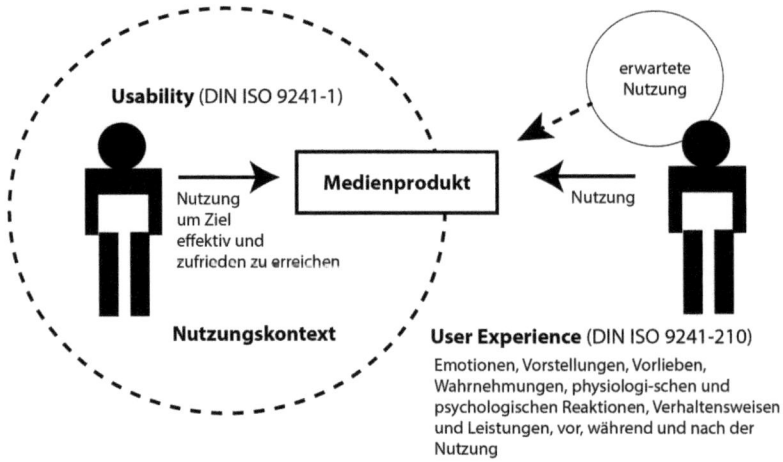

Abb. 4.2 Usability und User Experience

Die Erfolgsfaktoren für Nutzer- und Nutzerinnen-Erfahrung sind:

- Utility (Welchen Nutzwert haben die Funktionen und Inhalte eines Produktes für die Zielgruppe?),
- Accessibility (Wie gut ist der Zugriff auf das Produkt?),
- Usability (Wie gut ist eine effiziente und eine effektive Nutzung, Bedienbarkeit des Produktes?),
- Ästhetik (Wie gut ist die optische Attraktivität des Produktes?).
User Experience ist im strengen Sinne keine Methode, sondern die empfundene und die tatsächlich erlebte Qualität eines Produktes, die es zu erfassen gilt. Die User Experience als ein Konstrukt bedient sich selbst verschiedener, vor allem sozialwissenschaftlicher, Methoden: Beobachtung, Befragung, Fokusgruppen oder Gruppendiskussion.

Ergebnisse der Usability-Prüfung entstehen durch gezielt angewandte Forschungsschritte. Analyse, Modellierung, Spezifikation, Realisierung und Evaluation sind zentrale Aufgaben der Medienproduktion. Die jeweiligen Schritte werden durch konkrete Maßnahmen bzw. Methoden realisiert (vgl. Richter & Flückiger 2013, S. 8ff):

1. Die Analyse der Benutzerinnen und Benutzer muss stets im Zusammenhang mit den zu realisierenden Aufgaben erfolgen. Die Geschäftsprozessanalyse (Business Analysis) basiert genau wie die Geschäftsmodellierung (Business Modeling) auf der Erfassung wesentlicher Kontextelemente, die dem Benutzer einen Handlungsrahmen vorgeben. Es wird dabei auf die Methoden der Sozialwissenschaften zurückgegriffen, wie bspw. Interviews, Fokusgruppen oder systematische Analyse von Aufgaben der Benutzerinnen und Benutzer.
4. Die Modellierung von möglichen Lösungen basiert auf den Ergebnissen der Analyse und stellt die jeweiligen Anforderungsprofile in Form von sog. Personas zusammen (abstrahierte und zusammenfassende Modelle der Benutzerinnen und Benutzer). Da nicht alle Einsatzmöglichkeiten geprüft werden können, definiert man sog. Szenarios, die für die Benutzerinnen und Benutzer die Arbeit mit dem Medienprodukt abbilden. Die entstandenen Entwürfe können als Use Case und User Stories realisiert werden oder visualisieren die Ideen in Form von Story-Boards bzw. erlauben eine umfassende Vorwegnahme des Medienproduktes in Form von Prototypen.
5. Die Spezifikation bedeutet, dass man Anforderungen an die Medienprodukte definiert. Es entstehen sowohl formal festgelegte Deskriptionen als auch freie Beschreibungen (Use-Case-Modell, Use-Case-Spezifikation, Verlaufsdiagramme, Story-Boards usw.). Von besonderer Bedeutung ist die Kommunikation zwischen Usern, Entwicklern und Auftraggebern. Eine umfassende Kommunikation ist bei allen Entwicklungsschritten notwendig.
6. Sofern die Spezifikation eines Medienproduktes feststeht, erfolgt die Umsetzung in ein technisches Design, wobei Styleguides und

Usabilty Guidelines dabei helfen, auch das Interface Design festzulegen.
7. Am Ende der Entwicklungsarbeit steht die summative Evaluation, die z. B. in Form von Usability-Tests stattfindet oder als Items eines quantitativen Fragebogens festgelegt wird. Auch die qualitative Befragung oder Beobachtung sind verbreitet. Nicht zu vergessen ist, dass formative Evaluation von Anfang an den Entstehungsprozess eines Medienproduktes begleiten muss. Es werden auch hier Methoden der Sozialwissenschaften eingesetzt (Befragung, Beobachtung, Gruppendiskussion usw.).

Usability und User Experience sind, trotz der Nutzung sozialwissenschaftlicher Methoden, der Technikforschung zuzurechnen, da sie Medienprodukte als technisch erzeugte Artefakte betrachten und nutzungsgerecht optimieren. Kein Forschungsbereich ist heutzutage so stark von Interdisziplinarität geprägt wie Usability Engineering, das auch digitale Medienprodukte entwickelt und optimiert.

Referenzmodelle und Entwurfsmuster (Design Patterns)
In einem Referenzmodell oder in einem Entwurfsmuster werden logische, zeitliche, räumliche und dingliche Beschreibungen eines Produktes (oder seiner Bestandteile) festgelegt und dokumentiert. Es ist in der Praxis einfacher, die Entwicklungsarbeit auf der Basis der Entwurfsmuster oder der Referenzmodelle zu standardisieren und auf solche Beschreibungen bei Bedarf zurückzugreifen. So legt bspw. das OSI-Referenzmodell die Schichten für Netzwerkprotokolle fest. Durch die Festlegung ist es möglich, netzbasierte Medienprodukte zu entwickeln, die miteinander fehlerfrei kommunizieren.

Die Design Patterns wurden in der Architektur von Christopher Alexander (Alexander 1977) entwickelt. Sie halten komplexe Strukturen in einzelnen Mustern fest, womit die Planung und Konstruktion von Objekten wesentlich erleichtert wird. Die theoretischen Überlegungen von Alexander haben die Informatik (Softwareentwicklung) stark beeinflusst. Inzwischen haben Design Patterns mehrere Disziplinen befruchtet (z. B. Pädagogik und eLearning) und werden als Grundlage der Entwicklungsarbeit genutzt (z. B. Wippermann 2008).

4.2 Methoden in Sozialwissenschaften

Der Wunsch nach exakten Methoden, die von den Naturwissenschaften hervorgebracht wurden, hält in den Sozialwissenschaften noch heute an. Den Kern der Realität treffende Hypothesen zu definieren, quantitative empirische Daten zu sammeln und quantifizierbare Aussagen zu generieren, sind – vereinfacht dargestellt – die Forschungsschritte sozialwissenschaftlicher Disziplinen. Seit ihrer Entstehung galten die Naturwissenschaften als ein nachahmungswürdiges Vorbild. Die Methoden der Physik oder Chemie waren etabliert und damit leicht zugänglich. Experimente, Beobachtungen und Messungen bilden die Grundlage der Erkenntnis. Hinzu kommt die Modellbildung als Abstraktion der Realität, in der sich bspw. Physik der Hilfe von Mathematik und Logik bedient. Dies alles war für die neu entstehenden Sozialwissenschaften nachahmenswert. Man übersah und übersieht auch heute häufig, dass auch die von den Naturwissenschaften formulierten Hypothesen, als Ausgangspunkt für die Forschung, durchaus intuitiv, durch Erfahrungen des Forschers oder durch Zufall geprägt sein können. Können jedoch bei subjektiven Voraussetzungen die Erkenntnisse dann objektiv sein? Eine positive Antwort ist nur im Zusammenhang mit den Ergebnissen möglich, denn sie sind objektiv, allerdings im Sinne von nachvollziehbar und wiederholbar. Hier liegt der Unterschied zu den Sozialwissenschaften. Auch bei exakter Wiederholung der Experimente können die Ergebnisse variieren.

Die Limitierungen, die quantitative Methoden (auf Messung gerichtete, allerdings nicht im Sinne der Technikwissenschaften) mit sich bringen, sind im Laufe der Zeit immer deutlicher geworden. Als eine weitere Möglichkeit und zum Teil als Gegenentwurf wurden in den Sozialwissenschaften Methoden gefordert, die nicht eine quantitative Datenbasis anstreben, sondern versuchen, qualitativ vorzugehen.

Insbesondere die Überlegungen von Paul Feyerabend (1975) und Thomas Kuhn (1967) halfen dabei, das bisherige, an Naturwissenschaften orientierte methodische Paradigma, zu relativieren und neue Wege in der Forschung zu suchen. In der Bundesrepublik Deutschland diskutierten Wissenschaftler ab den 70er Jahren sehr intensiv, wie wissenschaftliche Erkenntnis zustande kommt. Diese Debatte ist als sog. Positivismusstreit bekannt (vgl. Adorno et al. 1972). Wir wollen uns an dieser Stelle nicht weiter mit Wissenschaftstheorie beschäftigen. Es ist aber von Bedeutung, dass in den Sozialwissenschaften sowohl qualitative als auch quantitative Methoden ihren Platz haben. Ihre Nutzung hängt von dem Verständnis des Forschungsprozesses und vom Forschungsgegenstand ab. Welche Differenzen liegen zwischen den beiden Methodengruppen genauer? Lamnek (2010, S. 6ff.) charakterisiert die quantitative Forschung u. a. folgendermaßen:

- Nach wie vor sind die Naturwissenschaften ein Vorbild (exakte, statistisch belegte, nachvollziehbare Forschungsergebnisse in isolierbaren Gegenstandsbereichen).
- Fokus auf das Gegebene (sichtbare, manifeste Forschungsgegenstände) und Vernachlässigung der Erfahrung, die nicht intersubjektiv nachvollziehbar ist.
- Hypothesenorientierung, wobei die Hypothesen von gegebenen Theorien vorab abgeleitet werden.
- Methoden haben Vorrang bei der Untersuchung der Realität, was dazu führt, dass Methoden am Anfang des Forschungsprozesses feststehen.
- Standardisierung aller Datenerhebungssituationen und Messinstrumente.
- Messdaten stehen im Mittelpunkt der Interpretation.
- Distanz des Forschers (Forderung der Objektivität) zu dem erforschten Gegenstand.

An das Selbstverständnis und an die Vorgehensweise der qualitativen Sozialforschung sind viele Kritikpunkte geknüpft. Vor allem ist zu erwähnen, dass der Forschungsgegenstand der Sozialwissenschaften der

Mensch ist, der durch seine kulturellen, wirtschaftlichen, kommunikativen usw. Handlungen in einer Gemeinschaft stets in Interaktionen mit anderen Menschen integriert ist. Der Mensch handelt im sozialen Kontext und kann aus dem Kontext nicht isoliert werden. Damit besteht ein Unterschied zu den Naturwissenschaften, die ihre Forschungsobjekte sehr gut isoliert untersuchen können. Schon allein die Zugehörigkeit eines Sozialwissenschaftlers zum sozialen Kontext macht es unmöglich, eine vom Kontext gelöste Fragestellung zu entwickeln. Wenn aber Hypothesen vorab definiert werden, inwiefern können sie objektiv im Sinne der Forschung sein? Sind sie nicht bereits die Realität, die sie untersuchen sollen? Für diejenigen, die sich mit methodologischen Fragen beschäftigen wollen, sei an dieser Stelle auf Feyerabend, Kuhn, Popper oder Adorno verwiesen.

> Quantitative Methoden liefern Zahlenwerte zu ausgewählten Merkmalen eines Realitätsausschnitts. Diese Zahlenwerte werden interpretiert und müssen nachvollziehbar und replizierbar sein.

Die qualitative Forschung bietet mit neuen Forschungsprinzipien andere Lösungen an. Lamnek (2010, S. 19ff.) beschreibt sie mit den Stichpunkten: Offenheit, Forschung als Kommunikation, Prozesscharakter von Forschung und Gegenstand, Reflexivität von Gegenstand und Analyse, Explikation und Flexibilität. Was ist damit genau gemeint?

1. **Offenheit**: Es werden vorab keine Hypothesen formuliert, sondern für das Forschungsfeld gut vorbereitete Forscher oder Forscherinnen müssen aufgeschlossen bleiben und durch ein exploratives Vorgehen alle neu entdeckten Aspekte des Forschungsgegenstands im Untersuchungsprozess berücksichtigen. Hypothesen können allerdings im Ergebnis der Forschung formuliert werden.
8. Forschung als **Kommunikation**: Forschung ist stets ein interaktiver Prozess, der sich in Kommunikationsakten vollzieht. Dadurch wird der zu Erforschende ebenfalls wie der Forscher zum Subjekt der

Forschung, die sich zudem an die Regeln der täglichen Kommunikation halten muss.
9. **Prozesscharakter** von Forschung und Gegenstand: Nicht ein unveränderlicher Wirkungszusammenhang wird erfasst, sondern eine dynamische Konstruktion sozialer Realität. Der Forschungsgegenstand ist prozesshaft und auch die Forschung selbst hat einen Prozesscharakter.
10. **Reflexivität** von Gegenstand und Analyse: Die reflexive Haltung der Forscher und Forscherinnen ermöglicht die Anpassung des Forschungsprozesses an die Gegebenheiten. Man muss sich nicht auf ein Forschungsinstrument beschränken, sondern man kann je nach Erkenntnislage die Vorgehensweise ändern oder die Fragestellung erweitern bzw. anpassen.
11. **Explikation**: Durch Explikation sollen vor allem die Nachvollziehbarkeit der Ergebnisse erreicht und der intersubjektive Charakter der Forschung verdeutlicht werden.
12. **Flexibilität**: bedeutet, dass die Forscherinnen und Forscher nicht an eine Vorgehensweise gebunden sind, sondern auf die Forschungsanforderungen flexibel reagieren können. Dies ist allerdings nicht mit Beliebigkeit zu verwechseln und führt nicht zu geringerer Gültigkeit der Forschungsergebnisse.

> Qualitative Methoden liefern Erkenntnisse über komplexe Phänomene. Diese Erkenntnisse müssen nachvollziehbar sein, der Weg zum Ergebnis muss verständlich sein. Es wird aber nicht erwartet, dass die Ergebnisse replizierbar bzw. repräsentativ außerhalb des Forschungskontextes sind.

Welche Methoden werden von der sozialwissenschaftlichen Forschung genutzt? Wir können an dieser Stelle keinen Ersatz für einen vollständigen Methodenkurs liefern und beschränken uns lediglich auf einige für uns wesentliche Merkmale der Methoden.

Quantitative Befragung
Man geht davon aus, dass eine Stichprobe, die eine Grundgesamtheit repräsentiert, auf Fragen solche Antworten liefern kann, die auch für die Grundgesamtheit gelten (Repräsentativität). Die Antworten sind als Ausprägungen eines Merkmals zu interpretieren, welches man erfassen will. Die Merkmalsausprägung wird auf einer Skala abgebildet. Die Frage „Welche Medien nutzen Kinder wie intensiv im Alter zwischen 6 und 12 Jahren?" nennt man Programmfrage. Testfragen, die man dann den Kindern stellt, müssen natürlich erst entwickelt werden. Bevor man jedoch konkrete Fragen entwickelt, muss ein Rückgriff auf eine Theorie erfolgen, die den Untersuchungs- und Interpretationsrahmen vorgibt (z. B. Uses and Gratification Ansatz). Im nächsten Schritt werden dann Hypothesen formuliert und erst dann wird passend dazu ein standardisierter Fragebogen mit Testfragen entwickelt. Die Befragung kann als schriftliches (Papier/Online), telefonisches oder persönliches Interview stattfinden. Die Interviewer müssen entsprechend instruiert werden, damit die Befragung einheitlich erfolgen kann. Probleme der Methode können sein, dass die Befragten bspw. ihre Antworten in der Mitte der Skala platzieren, nach sozialer Erwünschtheit antworten oder zum Ja (selten)-Nein-Sagen neigen. Inkonsequentes Antwortverhalten kann die Ergebnisse verfälschen.

Quantitative Inhaltsanalyse
Historisch betrachtet, entstand die Inhaltsanalyse aus der Interpretation von Texten, die bereits für die Theologie die Grundlage der Forschung bestimmte. Die quantitative Inhaltanalyse unterscheidet sich jedoch grundlegend von jeder anderen Form. Sie bezieht sich auf die manifesten Inhalte eines Kommunikationsaktes (Content wie Text, Bild, Ton usw.), wie dies Berelson (1952) gefordert hat. Inzwischen gilt auch bei der quantitativen Analyse, dass man aus den manifesten Inhalten auf latente Inhalte eines Kommunikationsaktes schließen möchte. Um Inhalte zu erfassen und deren Interpretation zu ermöglichen, ist es notwendig, Kategorien (formale oder inhaltliche Merkmale der Untersuchungs-objekte) zu entwickeln und ein Codebuch (Handlungsanleitung für Codierer) zu entwerfen. Die Ergebnisse selbst werden mit Hilfe eines Codebogens protokolliert. Ein spezieller Fall der quantitativen

Inhaltsanalyse ist die computergestützte Inhaltsanalyse, die Texte systematisch nach bestimmten Merkmalen ordnet und damit entweder fertige (nach Kategorien erfasste) Ergebnisse liefert oder solche Ergebnisse, die dank wesentlicher Reduktion der Inhalte von Forscherinnen und Forschern leichter interpretierbar sind.

Quantitative Beobachtung
Mit der Beobachtung strebt man an, die Handlungen von Menschen systematisch zu erfassen. Die Handlungen können recht unterschiedlich sein. Wir können Mitarbeiter bei der Erledigung ihrer beruflichen Aufgaben beobachten oder Menschen bei Kommunikationsakten. Wir können ebenfalls mediale Repräsentationen des menschlichen Verhaltens beobachten.

Die Beobachtung wird eingesetzt bei der Redaktionsforschung (wie handeln Journalisten), Gewaltforschung (Verhaltensveränderung auf Grund medial erlebter Gewalt), Wirkungsforschung (Verhaltensänderung auf Grund von Werbebotschaften) oder Rezipienten-Forschung (Medienverhalten der Rezipienten).

Apparative Beobachtung
In den 80er Jahren hat die GfK (Marktforschungsunternehmen) in Nürnberg die Fernsehforschung eingeführt. Mit der Erfassung von telemetrischen Daten, die das Verhalten der Zuschauer bei der Fernsehnutzung repräsentierten, ermittelte man u. a. die Einschaltquote der jeweiligen Sender und Sendungen.

In wöchentlichen Mitteilungen wurden die Ergebnisse den Medieninstitutionen zugestellt. Damit wurde apparative Beobachtung, aber gleichzeitig auch sozialwissenschaftliche Messung, realisiert. Diese Messung der Einschaltquote formt in Folge sowohl die Organisation als auch beeinflusst den Content der Medienbranche.

Quantitatives Experiment

Experimente werden in der Forschung oft genutzt, um Kausalzusammenhänge zu erklären. Dabei sind Experimente eigentlich keine eigenen Methoden. Vielmehr sind sie eine Art und Weise, wie man andere Methoden nutzt, also sie sind Untersuchungsanlagen. Ein Experiment kann auf einer Beobachtung basieren, eine Inhaltsanalyse nutzen oder mit einer Befragung realisiert werden. Dabei untersucht ein wissenschaftliches Experiment, wie eine unabhängige Variable eine abhängige Variable beeinflusst. Um ein Experiment zu planen, braucht man normalerweise neben der untersuchten Gruppe eine Kontrollgruppe, die eine zweite unabhängige Variable nicht präsentiert bekommt. In der Medizin, die wohl am häufigsten experimentelle Untersuchungsanordnungen nutzt, erhält die Kontrollgruppe keine veränderte Behandlung mit bspw. einem neuen Medikament. Stattdessen erhält sie ein Placebo.

Nur aus dem Vergleich beider Gruppen lässt sich die Wirksamkeit des Medikamentes ablesen. In der untersuchten Gruppe muss die nachgewiesene Wirksamkeit eines neuen Medikamentes über dem Niveau der Kontrollgruppe liegen. In den Sozialwissenschaften müssen sich die Ergebnisse beider Gruppen unterscheiden, sodass der Veränderungseffekt in der Treatment-Gruppe deutlich wird. Alle Bedingungen beider Gruppen, bis auf die zweite Variable (man sagt dazu auch Treatment oder der experimentelle Stimulus), müssen allerdings gleich sein, das heißt kontrolliert.

Beispiel

Der russische Wissenschaftler Iwan Petrowitsch Pawlow bemerkte, dass Hunde im Zwinger die Schrittgeräusche des Besitzers mit dem von ihnen mitgebrachten Futter in Zusammenhang bringen, was sich mit verstärktem Speichelfluss äußerte. Pawlow vermutete, dass die Hunde das Geräusch der Schritte (neutraler Stimulus) mit dem Stimulus „Fressen" verknüpfen. Diese Vermutung prüfte Pawlow experimentell. Die quantitative Beobachtung des Verhaltens der Hunde und die Messung des Speichelflusses lagen dem durchgeführten Experiment zu

Grunde. Zeigte man einem Hund Futter, so lief aus seinem Mund Speichel, dessen Volumen gemessen wurde. Ertönte das Klingeln einer Glocke, speichelte der Hund natürlich nicht. Brachte Pawlow allerdings das Klingeln der Glocke und die Fütterung zeitlich mehrmals zusammen, so speichelte der Hund allein schon beim Ertönen der Glocke. Das Futter (erste unabhängige Variable) löste Speichelfluss (abhängige Variable) aus. Die Glocke (zweite unabhängige Variable) löste keinen Speichelfluss (abhängige Variable) aus. Bei der gleichzeitigen Darbietung beider unabhängiger Variablen löste nach einer Weile nur allein die zweite unabhängige Variable den Speichelfluss aus. Pawlow schlussfolgerte aus dem Experiment, dass, wenn ein unbedingter Reiz (erste unabhängige Variable) zu einer unbedingten Reaktion (abhängige Variable) führt und mit einem neutralen Reiz (zweite unabhängige Variable) zeitlich mehrfach präsentiert wird, dann führt das in Folge dazu, dass sich ein zuerst neutraler Reiz zu einem unbedingten Reiz wandelt. Pawlow sprach bei diesem Effekt von der Konditionierung.

Wenn eine einzige Variable sich verändert, können die Ergebnisse auf diese eine Variable zurückgeführt werden. Es gibt allerdings weitere Variable, die man nicht vorausgesehen hat oder während des Experiments nicht bemerkte. Man spricht dann von Störungsvariablen, wenn weitere Faktoren neben dem experimentellen Stimulus die Ergebnisse ebenfalls beeinflussen. Allein schon die Zusammensetzung beider Gruppen ist eine eminente Fehlerquelle.

Quantitative Methoden, wie das gerade vorgestellte Experiment, finden zwar innerhalb der Medienproduktforschung Anwendung, da es sich aber bei Medienprodukten um komplexe Phänomene handelt und die umfassende wissenschaftliche Fragestellung der Medienprodukt-forschung selten nur mit qualitativen Methoden angemessen beant-wortet werden kann, werden meist qualitative Methoden genutzt. Quantitative Methoden haben aber durchaus eine supportive Bedeutung (z. B. die Befragung).

Qualitative Befragung
Alle Prinzipien der qualitativen Forschung treffen natürlich auch auf die einzelnen Methoden zu (vgl. Lamnek 2010, S. 19f.) und sind bei der Untersuchungsplanung ausschlaggebend. Offenheit verbietet geschlossene Fragen, sie macht es auch notwendig, dass der Interviewer insgesamt gegenüber dem Befragten offen ist und durch Reflexivität durchaus vom geplanten Ablauf abweichen kann. Vor allem macht dies dann Sinn, wenn neue Informationen weitere Aspekte des Forschungsgegenstands aufzeigen, die man bei der Planung nicht erfassen konnte. Die Befragung ist ein Prozess, da ja auch der Gegenstand der Forschung als Prozess (also dynamisch) begriffen wird. Vor allem ist die Befragung ein Kommunikationsprozess und muss entsprechend der Kommunikationsgegebenheiten des Befragten (Beruf, soziale Position, kulturelle Zugehörigkeit usw.) durchgeführt werden.

Es gibt zahlreiche Formen der qualitativen Befragungsmöglichkeiten. Lamnek (2010, S. 326ff.) spricht dabei von Interviews und führt folgende an:

- **narratives Interview:** der oder die Befragte erzählt über einen Gegenstandsbereich, oft autobiographisch, wobei das Interview in Phasen ablaufen muss: Erklärung des Ziels des Interviews, Einleitung mit Klärung der Schwerpunkte, Erzählung selbst, Nachfragen, Zusammenfassung/Bilanzierung.
- **episodisches Interview:** wenn es darum geht, das Wissen systematisch zu erfassen, nutzt man die Kombination aus Narration und Befragung, wobei der Interviewer anhand eines Leitfadens gezielte Fragen stellt und somit die Erzählung anhand einer gezielten Struktur in eine für die Fragestellung notwendige Richtung lenken kann.
- **problemzentriertes Interview:** einen Forschungsgegenstand gezielt zu erfassen, erfordert theoretische, aber auch gegenstandsbezogene Kenntnisse. Mit Hilfe eines Kurzfragebogens (qualitativ) lassen sich vorab die inhaltlichen Voraussetzungen näher bestimmen und das Interview vorab oder ad-hoc vorbereiten. Nach einer Erklärung des Ziels erfolgt eine allgemeine Sondierung (weitestgehend freie Narration des Interviewten) und eine spezifische Sondierung

(Nachfragen, Konfrontation mit Widersprüchen oder Unklarheiten) durch den Interviewer. Der Interviewer oder die Interviewerin sollten jedoch ihr theoretisches Modell/Konzept nicht vorgeben, sondern, falls notwendig, laufend den Gesprächserkenntnissen deduktiv (von dem eigenen Eingangsmodell ausgehend), oder induktiv (vom Praxisfeld des/der Befragten ausgehend) anpassen.

- **fokussiertes Interview:** stellt eine Mischform zwischen der qualitativen Beobachtung und der quantitativen Befragung dar. Aufgrund der Beobachtung werden Hypothesen aufgestellt, die mit einem quantitativen Interview geprüft werden.
- **Tiefen- oder Intensivinterview:** bei dieser Form geht es darum, zu den tiefen Strukturen der Menschen vorzudringen. Dadurch, dass man sie von der eigenen theoretischen Annahme geleitet, systematisch zu selbst nicht bewussten Konstrukten befragt. Diese Form nutzt bspw. die Psychoanalyse sehr intensiv, allerdings wird das Prinzip der Offenheit durch die nicht korrigierbaren Vorannahmen des Forschers verletzt.
- **rezeptives Interview:** diese besondere Form des Interviews erfordert von dem Forscher oder von der Forscherin die Fähigkeit, zuzuhören. Die Kommunikation, die zwar aus dem jeweiligen Forschungsanliegen entsprungen ist, ist stark asymmetrisch, da vor allem die interviewte Person mit ihrer Erfahrung im Mittelpunkt der Betrachtung steht. Der Interviewer oder die Interviewerin sind meist durch nonverbale Kommunikation (nickend zustimmen) an dem Dialog beteiligt.
- **situationsflexibles Interview:** der Interviewer kann je nach Ausgangslage und unter Berücksichtigung der Begleitumstände auf die interviewte Person spezifisch eingehen. Ziel des flexiblen Vorgehens ist es, die unnatürliche Rollenverteilung in der Kommunikation zu überwinden und damit eine größere Offenheit des Interviews zu erhalten. Ähnlich wie bei der teilnehmenden Beobachtung sollte diese Methode eine Distanzierung von natürlichen Handlungsfeldern minimieren (Lamnek zitiert Hoffmann-Riem 1980).
- **Experteninterview:** Experten werden gegenwärtig nicht als technokratische Elite betrachtet, sondern als „soziale Akteure mit

spezifischen Handlungs- und Professionslogiken" (Lamnek verweist auf Bogner et al. 2014, S. 4). Das Wissen der Experten ist für die Forschung deswegen von Interesse, da es sich um praxiswirksames Wissen handelt, das handlungs- und orientierungsleitend ist (ebd., S. 14). Wir unterscheiden zwischen explorativen (auf die erste Erkenntnis des Handlungsfeldes gerichtet) und fundierenden (auf die Systematisierung des Handlungsfeldes gerichtet) Experteninterviews. Die Interviews sind teilstrukturiert und werden mit Hilfe von Leitfäden geführt, die im Vorfeld gründlich vorbereitet und auf inhaltliche Kohärenz geprüft werden müssen. Eine besondere Form des Experteninterviews ist das telefonische Experteninterview (Skype, bzw. Videokonferenz), das für den Ablauf der Kommunikation eine besondere Herausforderung darstellt.

- **ero-episches Gespräch:** bei dieser Form des Interviews wird die Frage (griech. Erotema) und Antwort als Erzählung (griech. Epos) gleichgestellt. Der Interviewer oder die Interviewerin bringt sich in das Interview mit eigenen Kenntnissen und Forschungsinteressen voll ein, um eine vertraute Kommunikationssituation zu schaffen. Die Fragen werden nicht vorab festgelegt und ergeben sich aus dem Gespräch (Lamnek zitiert Girtler 2001, S. 147-168). Problematisch sind suggestive Fragen, da sie im Sinne der erwarteten Forschungsergebnisse das Interview verfälschen können. Sie bergen aber auch die Chance, bislang unbekannte Themenbereiche aufzuschließen.

In der Medienproduktforschung wird meist das Experteninterview als Form der Befragungsmethode genutzt. Es geht dabei darum, die Zusammenhänge zwischen den Medienproduktionselementen Content, Technik und Organisation zu erfassen. Nur Experten, die mit den entsprechenden Schnittstellen ihrer Berufspraxis vertraut sind, können die jeweiligen Elemente der Medienproduktion und deren gegenseitige Beeinflussung für außenstehende Personen erhellen. Auch das problemzentrierte Interview ist gut geeignet, um konkrete Aspekte der Produktion zu erfassen und zu klären.

Qualitative Inhaltsanalyse

Der Autor der qualitativen Inhaltsanalyse in ihrer gegenwärtigen Form, Philipp Mayring, fasst ihre Aufgaben wie folgt zusammen (Mayring 2010, S. 13):

- „Kommunikation analysieren
- fixierte Kommunikation (Text, Bild usw.) analysieren.
- dabei systematisch vorgehen.
- dabei regelgeleitet vorgehen.
- dabei auch theoriegeleitet vorgehen.
- das Ziel verfolgen, Rückschlüsse auf bestimmte Aspekte der Kommunikation zu ziehen."

Die Inhaltsanalyse richtet sich also auf Kommunikationsakte (Texte, Sprache, Bilder, Noten), die entweder durch andere Methoden (bspw. ist dies oft in der Medienproduktforschung ein Experteninterview mit Leitfaden) erfasst wurden, oder als Artefakte (Dokumente in Archiven oder im Internet, Bücher und eBooks, Web-Seiten, Bilder in Katalogen usw.) vorliegen. Die Inhaltsanalyse richtet sich damit auf die Untersuchung von symbolischen Daten, wie sie sich für einen Forscher und nicht für einen Computer darstellen. Eine Inhaltsanalyse kann natürlich computerbasiert realisiert werden, doch die Symbole, die sie analysiert, bleiben für die Menschen verständlich und müssen je nach dem sozialen, wirtschaftlichen, künstlerischen, produktionstechnischen usw. Kontext im Rahmen der Forschungsfrage interpretiert werden. Die Inhaltsanalyse ist damit keine Methode der Datensammlung, wie bspw. die Beobachtung oder Befragung, sondern eine Methode der Datenauswertung, die von Forscherinnen und Forschern stets am Ende interpretiert werden muss.

Um die Auswertung vornehmen zu können, benötigt auch die qualitative Vorgehensweise der Inhaltsanalyse Kategorien. Sie können induktiv (von der Fragestellung der Studie ausgehende Kategorien) oder deduktiv (von der Theorie abgeleitete Kategorien) definiert werden. In beiden Fällen unterscheidet sich der jeweilige Ablauf der Analyse (vgl. Mayring 2010). Ein besonderer Fall der Inhaltsanalyse ist die Filmanalyse. Zwei Richtungen lassen sich hierbei unterscheiden: Filmanalyse, wie sie in der oben vorgestellten klassischen Inhaltsanalyse realisiert wird (vor allem Content-Analyse z. B. Wember 1975, „Wie informiert das Fernsehen?", die sie u. a. die Publizistik zur Ermittlung der Gestaltung und der Wirkung von Massenmedien nutzt) und Filmanalyse, wie sie in der Tradition der Filmwissenschaft beheimatet ist (Analyse filmischer Mittel, Bedeutungsanalyse, Figurenanalyse, Musik-Bild-Analyse usw.). Die Filmtheorie und nicht primär Kommunikationstheorien bestimmen in der Filmwissenschaft das Forschungsfeld der Filmanalyse, die einen Film als Kombination von Zeichensystemen betrachtet (vgl. Kuchenbuch 2005, S. 87ff.). Als ein besonderer Fall der Inhaltsanalyse ist die „objektive Hermeneutik" zu nennen. Sie macht Aussagen „über die objektiven, gesellschaftlich gängigen Deutungsmöglichkeiten einer Situation und deren subjektiven Deutung" (Lamnek 2010, S. 484). Mit anderen Worten: Man will hinter den offenkundigen Handlungen (ein Text kann eine solche Handlung sein) liegende Sinnstrukturen erfassen, die zunächst nicht ersichtlich (latent) sind. Die Bedeutungen der Sinnesstrukturen werden von Forschern und Forscherinnen erst gesammelt und dann mit Hilfe sog. Feinanalysen in mehreren Schritten analysiert. Diese Methode stellten Overmann et al. (1983) im Zusammenhang mit der Erforschung von „Ausdrucksgestalten" (vor allem in Texten) vor.

Die Inhaltsanalyse wird in der Medienproduktforschung oft genutzt, um gestellten Forschungsfragen zum Content der Medienprodukte (bzw. Medienprodukten als Content) nachzugehen. Zum einen will man Fragen zum Content der Medienprodukte beantworten (z. B. Analyse digitaler Bilder von Zeitungswebseiten im internationalen Vergleich (vgl. Álvaro García Gómez 2016), Qualität und Akzeptanz des WebTV (vgl. Klosa 2016). Zum anderen will man wissen, wie die gegenseitige Beeinflussung der Elemente Content, Technik und Organisation ist (vgl. Boetzkes 2007, Kloth 2010). Oft wird die Filmanalyse genutzt, um gezielte Aussagen über bestimmte Aspekte des hochkomplexen Medienproduktes Film zu erhalten.

Qualitative Beobachtung
Die bislang vorgestellten Methoden richteten sich auf Sprache und Dokumente (Text, Bilder, Film) als Forschungsgegenstand. Die Beobachtung ist eine Methode zur Erfassung von Ereignissen, von Abläufen oder von Verfahren, die man nur durch engen Kontakt des Forschers oder der Forscherin mit dem Forschungsobjekt erfassen kann. Beobachtung ist nicht das bloße Zuschauen oder das Beiwohnen bei Ereignissen. Es ist ein systematisches, nachvollziehbares und geordnetes Verfahren der Datenerfassung, das eingeschränkt wiederholbar ist. Die Wiederholbarkeit ist deswegen eine relative Eigenschaft dieser Methode, da Echtzeitabläufe nie exakt die gleichen sein können, auch wenn sie einer bestimmten Struktur oder Ordnung folgen, wie dies bspw. bei Medienproduktionsprozessen die Regel ist.

In Anlehnung an Friedrichs (1973, S. 272-273) klassifiziert Flick (2014, S. 282) die Beobachtung in fünf Dimensionen:

- verdeckte Beobachtung versus offene Beobachtung (Weiß der Beobachtete von der Beobachtung?)
- nicht teilnehmende Beobachtung versus teilnehmende Beobachtung (Ist der Beobachter oder die Beobachterin ein Teil der Beobachtung?)
- systematische Beobachtung versus unsystematische Beobachtung (Geht man strukturiert oder offen vor?)
- Beobachtung in natürlichen versus Beobachtung in künstlichen Situationen (Findet die Beobachtung in normaler oder in einer extra geschaffenen Umgebung statt?)
- Selbst- versus Fremdbeobachtung (Erfasst die Beobachtung die Person der Forscher oder richtet sie sich nur auf externe Abläufe/Personen?)

Die Phasen der Beobachtung kann man wie folgt benennen (Flick 2014, S. 283):

- Festlegung des Settings (Wo und wann findet die Beobachtung statt?)
- Festlegung des Beobachtungsinhalts (Was wird beobachtet?)

- Training der Beobachter (Gewährleistung einer Einheitlichkeit der Beobachtung)
- Beschreibende Beobachtung (allgemeine Erfassung des Feldes)
- Fokussierte Beobachtung (Konzentration auf relevante Aspekte)
- Selektive Beobachtung (Vertiefung der erfassten relevanten Aspekte)
- Zeitpunkt für den Abschluss der Beobachtung (Wann sind keine neuen Erkenntnisse mehr sichtbar?)

> Die Beobachtung ist eine der wichtigsten Methoden der Medienproduktforschung. Sie erlaubt es, Medienproduktionsprozesse zu erfassen. Das Element Organisation (Redaktionsarbeit, Programmierarbeit, Contentproduktionsabläufe usw.) kann dank der Methode genauer beschrieben werden. Das Element Technik kann an der Schnittstelle zum Content oder zur Organisation sichtbar gemacht werden. Ein Beispiel für teilnehmende Beobachtung finden wir u. a. bei Boetzkes (2007), der das Element Organisation bei der Tagesschau u. a. durch teilnehmende Beobachtung erfasst.

Qualitatives Experiment

Kleining (1986) legte ein umfassendes Konzept zu dieser Methode vor. Er definiert das qualitative Experiment sehr weitläufig als „... eine Basistechnik für alle Forschungen mit einheitlicher, aber auch für seine verschiedenen Stufen und Arten jeweils differenzierter Methodologie und von umfassender Verwendbarkeit, gerade in den Sozialwissenschaften" (Kleining 1986, S. 724). Weiter lesen wir: „Das qualitative Experiment ist der nach wissenschaftlichen Regeln vorgenommene Eingriff in einen (sozialen) Gegenstand zur Erforschung seiner Struktur. Es ist die explorative, heuristische Form des Experiments (ebd., S. 724). Nach dieser Definition agiert der Forscher aktiv, in dem er in das Objekt seiner Forschung bewusst eingreift (z. B. indem er seine Rahmenbedingungen ändert), um seine Strukturen/Beziehungen/Relationen nach wissenschaftlichen Regeln offenzulegen, aufzudecken, bzw. zu erfassen. Heuristik meint dabei den Findungsprozess, der nach Kleining allerdings noch gefunden werden muss (ebd., 1986, S. 733). Kleining (vgl. 1986, S. 737f.) unterscheidet sechs Techniken des qualitativen Experimentes:

- Gliederung: Hier kann der Gegenstand **segmentiert** oder **separiert** werden, bspw. wird eine Universität in verschiedene Angehörigengruppen aufgeteilt, oder aber **kombiniert** werden, z. B. wenn die Gruppe der Professoren und die der wissenschaftlichen Mitarbeiter zusammengelegt werden.
- Einschränkung/Ausdehnung: Hier kann der Gegenstand **reduziert/abgeschwächt** werden, z. B. alle männlichen Studierenden werden aus der Gruppe entfernt, um die Veränderungen zu sehen, oder der Gegenstand wird **intensiviert,** die Gruppe der Studentinnen und Studenten darf selbst die Inhalte eines Faches bestimmen.
- Umwandlung: hier kann der Gegenstand **substituiert** werden, z. B. ein Studierender tritt als Professor auf, oder **transformiert** werden, z. B. was passiert, wenn die Struktur des Senats einer Universität durch Erhöhung der Stimmen der Studierenden verändert wird?

Das Stanford-Prison-Experiment (1971) zeigt, wie ein qualitatives Experiment aufgebaut ist, es zeigt aber auch, wie es entgleiten kann. Mit einer Anzeige wurden Studierende als Probanden gewonnen und zufällig in zwei Gruppen aufgeteilt: Gefangene und Wärter. Die Ereignisse wurden mit einer Kamera ständig beobachtet. Das Experiment wurde jedoch vorzeitig abgebrochen, da sich die Wärter im zunehmenden Maße Übergriffe, zum Teil an Sadismus grenzend, gegen Gefangene leisteten. Die Versuchsleiter hatten ab einem bestimmten Zeitpunkt fast keinen Einfluss mehr auf die Ereignisse, einige emotionale Zusammenbrüche der Gefangenen waren die Folge (vgl. Zimbardo 2005). Bis heute wird die ethische Seite des Experimentes stark kritisiert und das Experiment selbst wird nicht mehr als eindeutiger Beleg für (heute überholte) Theorien (z .B. kognitive Dissonanz) angesehen. Das Experiment zeigt, mit welcher Sorgfalt die qualitative Feldforschung vorbereitet werden muss und wie stark ethische Prinzipien zu berücksichtigen sind.

Umstritten ist in der Sozialwissenschaft die Rolle von Gedankenexperimenten und der Ex-post-facto-Experimenten, da sie nicht allgemein als vollständige Experimente akzeptiert werden (Kleining 1986, S. 742f.). In den Naturwissenschaften gehört das Gedankenexperiment zu einer der wichtigen Methoden der Erkenntnis (vgl. **Schrödingers Katze** in der Quantenmechanik oder das **Turing-Experiment** zur Erkennung künstlicher Intelligenz bzw. das **Chinesische Zimmer** von J. Searle zur Einschätzung der Künstlichen Intelligenz). Eine spezielle Kombination eines Gedankenexperimentes und eines bereits abgelaufenen Vorgangs ist das Ex-post-facto-Experiment. Hier wird ein Vorgang im Nachhinein als „Experiment" deklariert und entsprechend gedanklich interpretiert. Da sich im Nachhinein die Rahmenbedingungen eines geschehenen Ablaufs nicht mehr planvoll verändern lassen, ist die Aussagekraft solcher Experimente sehr beschränkt.

> In der Medienproduktforschung spielen Experimente keine zentrale Rolle, auch wenn sich manche Medienprodukte oder Produktmerkmale experimentell gut erforschen lassen (z. B. Technik der Montage im Film oder Nutzung von Navigationssystemen in Automobilen).

Weitere qualitative und quantitative Methoden
Gruppendiskussion, Fokusgruppen oder Gruppeninterviews sind miteinander eng verwandte Methoden, die dank gruppendynamischer und kommunikativer Prozesse dabei helfen, Ideen und Vorstellungen einer Gruppe zu erfassen (vgl. Lamnek 2010).

Diese qualitativen Methoden gehen in ihrem Ursprung auf Kurt Lewin zurück, der sie im Rahmen seiner Feldforschung zur Beeinflussung einzelner Personen in der Gruppe nutzte. Gegenwärtig werden die Methoden oft in der Sozialforschung, in der Usability-Forschung oder in der Marktforschung zur Erfassung empirischer Daten genutzt. Sie sind jedoch nicht immer voneinander gut unterscheidbar.

Während die Gruppendiskussion zu einem spezifischen Thema Stellung nimmt, visiert die Fokus-Gruppe durch einen anfänglichen Input (Film, Präsentation, Vortrag usw.) die Erfassung von Gruppenansichten oder Meinungen an, die durch diesen Input des Forschers oder der Forscherin hervorgerufen werden. In der Situation eines Gruppeninterviews strukturiert der Diskussionsleiter oder die Leiterin den Prozess der Datenerfassung durch gezielte Fragen an die Gruppe.

Die qualitative Onlineforschung (vgl. Welker et al. 2014) kann mit unterschiedlichen Methoden realisiert werden: der qualitativen Beobachtung, der qualitativen Befragung oder der qualitativen Inhaltsanalyse. Die Methoden sind insofern abgewandelt, da sie internetbasierte Kommunikation nutzen. Videokonferenz, Chat, eMail oder ein Diskussionsforum werden als synchrone oder asynchrone Kommunikationsformen eingesetzt und zur Gewinnung empirischer Daten genutzt. Für die Forschung sind nicht nur qualitative, sondern natürlich auch quantitative Methoden, wie bspw. Onlineumfragen je nach Fragestellung sinnvoll. Eine besondere Form der Forschung wird unter dem Stichwort Big Data zusammengefasst. Viele wissenschaftliche Disziplinen haben Interesse an der Auswertung großer Datenbestände für ihre Zwecke. Es werden technikwissenschaftliche Zugänge genutzt (u. a. algorithmische Methoden in computerbasierten Applikationen), um Fragen der Medizin, der Wirtschafts- und Sozialwissenschaften zu beantworten.

4.3 Fragen und Aufgaben

1.	Was sind Technikwissenschaften und was sind ihre Aktivitäten?
2.	Welche Methoden werden von den Technikwissenschaften genutzt?
3.	Erklären Sie drei ausgewählte Methoden der Technikwissenschaften genauer und erörtern Sie deren Brauchbarkeit für die Medienproduktforschung!
4.	Welche Eigenschaften/Charakteristika haben quantitative Methoden der Sozialwissenschaften nach Lamnek?

5.	Welche Forschungsprinzipien verfolgen qualitative Methoden der Sozialwissenschaften nach Lamnek?
6.	Die qualitative Befragung wird in der Medienproduktforschung häufig angewendet. Erklären Sie die Methode und nennen Sie die Formen der Interviews!
7.	Warum ist das Wissen der Experten für Medienproduktforschung besonders wichtig?
8.	Erklären Sie drei weitere ausgewählte Methoden der Sozialwissenschaften genauer und erörtern Sie deren Brauchbarkeit für die Medienproduktforschung!

4.4 Zusammenfassung

Die Präsentation der Methoden in diesem Kapitel ist als ein zusammenfassender Überblick und vor allem als eine erste Orientierung gedacht. Die Vielfalt der Methoden und die Möglichkeit ihrer Kombination sind wichtig, um neue, interdisziplinär angelegte Forschungsfragen zu beantworten. Der digitale Wandel und neue Medienprodukte erfordern neue Vorgehensweisen bei ihrer Erforschung. Die wissenschaftliche Vorgehensweise muss stets nachvollziehbar und überprüfbar sein. Auf der Basis vorhandener Erkenntnisse, Forschungsprogramme bzw. Theorien, Modelle oder Konzepte werden eigene Forschungsfragen zum gewählten Gegenstandsbereich generiert und mit Hilfe geeigneter Methoden analysiert, untersucht und erforscht. Als Ergebnis erhalten wir nicht nur neue Erkenntnisse über den untersuchten Gegenstand, sondern stets auch Rückschlüsse auf die verwendete theoretische Basis.

5 Medienproduktforschung: Forschungsprozess

Die Reduktion der Komplexität der Menschen bzw. der sie umgebenden sozialen Realität, z. B. die Arbeit einer Radioredaktion, auf nur wenige Merkmale, die eine systematische Überprüfung von vorab definierten Hypothesen erlaubt, trägt in sich die Gefahr, dem Forschungsgegenstand als einem komplexen Gebilde nicht mehr gerecht zu werden. Ein Mensch mit seiner sozialen Wirklichkeit ist nie eine Summe von einzelnen Merkmalen, sondern immer ein „verschlungenes" soziotechnisches System, das als Ganzes zu analysieren ist. Wenn wir insgesamt Systeme betrachten, in unserem Fall technische Systeme, so reicht es nicht aus, nur die Komponenten zu beschreiben, sondern die Forschungsbemühung muss auch auf die Erfassung der Komplexität der Zusammenhänge gerichtet sein. Das System als Ganzes steht zentral im Fokus der Medienproduktforschung. Natürlich kann sinnvoll sein, nur Ausschnitte des Ganzen zu untersuchen, also spezielle Fragen aufzugreifen, die bspw. aufgrund der Aktualität der Medieninnovation auftauchen. Aber auch die einzelnen Elemente des Systems sind im Gesamtkontext zu beschreiben und die sichtbar gewordenen Lücken bzw. Einschränkungen der Aussagen sind immer klar zu benennen.

Theorien sind Sätze über die Wirklichkeit. Diese Sätze sind in Folge der Argumente von Popper zu falsifizieren. Indem der Forscher oder die Forscherin eine bestimmte Vorstellung von dem Gegenstand und den Theorien besitzt, kann er oder sie konkrete Fragestellungen entwickeln und eine leitende Forschungsfrage definieren. Mit welchen Methoden lässt sich die Forschungsfrage am besten beantworten? Es gibt keine Methoden, die besonders geeignet wären, um eine technikwissenschaftliche, sozialwissenschaftliche oder interdisziplinäre Fragestellung zu beantworten. Die Methoden sind immer die Folge der Fragestellung. Mit den gewählten Methoden kann das Feld des Gegenstands abgesteckt und die Untersuchung (z. B. Sampling) geplant werden. Empirische Daten werden in der Folge gewonnen. Es sind verbale Daten (Interview,

Gruppendiskussion, Focus-Group) oder visuelle Daten, Dokumente, Beobachtungsprotokolle usw., die uns ermöglichen, Aussagen über die Wirklichkeit zu machen. Wir schließen von den Daten auf die Wirklichkeit und erhellen somit den Gegenstand der Forschung. Die gewonnenen Aussagen bestätigen oder verneinen die Theorie (vgl. Abb. 5.1).

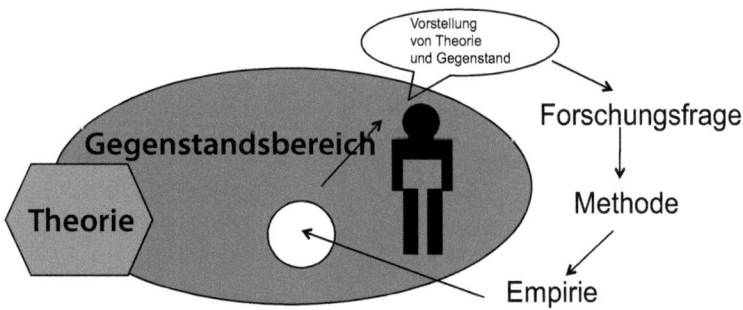

Abb. 5.1 Forschungsprozess (vereinfachte Darstellung)

In den Geisteswissenschaften ist Empirie kein zwingender Schritt der Forschung. Text- bzw. Werkinterpretation (historische Dokumente, Bibel, philosophische Essays, interpretative Filmanalyse, Kunstwerkanalyse bzw. -interpretation) stehen im Mittelpunkt. In den Sozialwissenschaften ist für die Vorgehensweise und damit für die Auswahl der Methoden die Forschungsfrage ausschlaggebend.

Die Modellentwicklung kann bspw. als kritische Synopse der vorliegenden Ansätze erfolgen. Empirische Methoden werden jedoch in den meisten Fällen zur Erhellung des Gegenstandsbereiches im Laufe des Forschungsprozesses gewählt. In den Technikwissenschaften steht eine konkrete Aufgabe im Mittelpunkt des Forschungsinteresses (z. B. Algorithmus entwickeln, eine App programmieren, digitales Audio räumlich aufnehmen/wiedergeben usw.). Hier müssen anerkannte Forschungsergebnisse genutzt bzw. wenn sie noch nicht existieren, erst entwickelt und erprobt werden (neue Kompressionsverfahren). Von der

Komplexität der Aufgaben beim Maschinenbau oder Brückenbau wollen wir an dieser Stelle nicht berichten.

5.1 Wie lassen sich Medienprodukte verstehen?

Können wir aktuell, bei der rasanten Entwicklung der digitalen Medien, davon ausgehen, dass bisherigen Theorien der Kommunikationswissenschaft uns weiterhin den Zugang zu den bedeutenden Aspekten der medialen Kommunikation sichern? Das Fach entwickelte sich seit den 40er Jahren des 20. Jahrhunderts sehr dynamisch und erlangte durch eine verstärkte Bedeutung der medialen Kommunikation starke gesellschaftliche Beachtung. Dies zeigte sich u. a. in Phänomenen wie bspw. Propaganda oder in technischer Entwicklung immer neuer Medien (u. a. Fernsehen, Bildschirmtext, mobile Telefonie usw.). Der Hauptfokus der Theoriebildung des Faches lag auf sog. Massenmedien (vor allem Radio, Presse, Fernsehen). Nur langsam und stark zeitversetzt zur Entstehung jeweiliger technischer Entwicklungen fokussierte das Fach auch Computer, mobile Kommunikation oder Computerspiele. Digitale Medienprodukte sind keineswegs bloß alte analoge Medien, die digitalisiert wurden. Mit digitalen Medienprodukten geht ein radikaler Umbruch einher, der im sozialen, kulturellen, wirtschaftlichen und politischen Wandel zu erkennen ist. Für die Erfassung der veränderten Medienwirklichkeit ist es nötig, den Forschungsfokus auf von tradierten Theorien bislang nicht thematisierte Aspekte intensiver zu richten.

Einschränkung von Theorien
Jede Theorie bedeutet eine Einschränkung der Forschungsperspektive. Auch das Modell „Content, Technik und Organisation", das in diesem Buch vorgestellt wird, unterliegt dieser Einschränkung. Es kann nicht alle Aspekte der Wirklichkeit einfangen. Seine Aufgabe liegt jedoch darin, bislang nicht erfasste Entwicklungen digitaler Medienprodukte zu beschreiben und Lösungen anzubieten. Die wichtigste Perspektive der Medienproduktforschung ist daher die konkrete mediale Praxis.

Die Medienproduktforschung konzentriert sich u. a. auf folgende Bereiche:

- Medienproduktbeschreibung (Systematik des Medienproduktes unter Berücksichtigung der Kriterien für Systembeschreibung, z. B. von Rohpol);
- Produktionsablauf und Produktionsoptimierung der Medienprodukte (Beschreibung der Medienprodukte mit der Produktionssystematik: Pre-Produktion, Produktion, Postproduktion und Distribution);
- Gegenseitiger Einfluss der Elemente Content, Technik und Organisation während des digitalen Produktionsprozesses;
- Einfluss der Elemente Content, Technik und Organisation auf das Medienprodukt;
- Funktionen und Funktionalität der Medienprodukte;
- Analyse des Contents (z. B. Filmanalyse) unter Einbeziehung der Elemente Organisation und Technik als Einflussgrößen;
- Bedeutung der jeweiligen Medienprodukte für den digitalen Wandel (unter Nutzung der Systematik CTO);
- Veränderungen der Berufsbilder im Medienbereich durch die Organisations-, Technik- bzw. Content-Änderung der digitalen Medien;
- Medienprodukte im Kontext der soziotechnischen Systeme (Wandel der Arbeitsorganisation, neue Unternehmensformen, Rolle der Medienakteure unter dem Einfluss digitaler Medienprodukte, usw.);
- Rolle der Medieninnovationen im fortschreitenden Prozess der Digitalisierung.

Alle Möglichkeiten der Forschung sind mit der Aufstellung natürlich nicht erschöpft. Die Medienproduktforschung ist eng mit der Innovationsforschung und dem Fokus auf soziotechnische Systeme verknüpft. Allerdings werden auch ethische Überlegungen thematisiert. Natürlich sind es zunächst einfache Fragen, die uns dabei helfen, den umfassenden Bereich der Medienprodukte überhaupt zu erfassen. In der nachfolgenden Übersicht (Abb. 5.2) sehen wir einige beispielhafte

Fragen, die sich zur ersten Bestandsaufnahme im Feld des CTO-Modells eignen.

Mögliche Fragen/Aufgaben innerhalb des CTO-Modells				
Element	Medienorganisation	Medientechnik	Medieninhalt	Medienprodukt
Deskriptionsebene	Welche Organisationsform (Struktur) und welche Abläufe (Prozesse) sind notwendig, um ein Medienprodukt hervorzubringen?	Welche Technik mit welchen Merkmalen ist für die Erstellung eines Medienproduktes notwendig (Standards, Übertragung, Speicherung)?	Was ist der Inhalt (Syntax/Semantik) eines Medienproduktes? Wie kann ich den Inhalt systematisch beschreiben bzw. analysieren?	Wie stellt sich ein Medienprodukt dar (nach Inhalt, Usability, Funktionalität, weitere Spezifika)? Wie lässt sich ein Medienprodukt systematisch beschreiben?
Interferenzebene	Welche Organisationsformen (Struktur) und welche Abläufe (Prozesse) sind von der Medientechnik und von Medieninhalten abhängig?	Welche technischen Komponenten/Verfahren werden von der Medienorganisation (Prozess/Struktur) und von den Medieninhalten beeinflusst?	Welche Medieninhalte werden wie von der Medientechnik und von der Medienorganisation (Prozess/Struktur) beeinflusst?	Wie äußert sich die Interferenz der Elemente Medienorganisation, Medientechnik und Medieninhalt in einem konkreten oder abstrahierten Medienprodukt?
	Welche Besonderheiten der Medienorganisation, der Medientechnik und der Medieninhalte sind zu erkennen?			

Die Schwerpunkte können interdisziplinär gesetzt werden (z. B. technikwissenschaftlich, geschichtswissenschaftlich, wirtschaftswissenschaftlich usw.).

Abb. 5.2 Mögliche Forschungsfragen in der Medienproduktforschung innerhalb des CTO-Modells

Da man Medienproduktforschung innerhalb des CTO-Modells sehr differenziert betreiben kann, schöpfen die oben dargestellten Fragen keineswegs alle mögliche Optionen aus.

5.2 Medienproduktforschung: Beispiele

Die Medienproduktforschung ist auf innovative digitale Medienprodukte gerichtet. Durch das Modell „Content, Technik, Organisation" erhält diese Forschung eine neue Ausrichtung. Es können sowohl neue thematische Felder erschlossen als auch bisherige Forschungsperspektiven an die geänderte Medienwelt angepasst werden. Insbesondere durch transdisziplinäre Fragestellung entsteht regelrecht eine Kaskade an Erkenntnissen, die entweder gar nicht oder nur unzureichend durch jeweilige Disziplinen allein aufgedeckt werden könnten. An dieser Stelle stellen wir einige Beispiele für die Medienproduktforschung vor.

5.2.1 Web-TV. Qualität und Akzeptanz

Inhalt
Die Studie befasst sich mit dem Medienprodukt Web-TV im Hinblick auf seine Qualität und die Akzeptanz durch Nutzerinnen und Nutzer. Aus dem Modell CTO heraus wird Web-TV aus den Perspektiven der Anbieter, der Nutzer und anhand exemplarischer Angebote analysiert. Dazu wurde ein Qualitätsmodell als theoretische Grundlage und erkenntnisleitendes Instrument auf der Basis des dynamisch-transaktionalen Ansatzes nach Früh und Schönbach (1991) adaptiert. Dabei wurden ebenso bisherige Akzeptanzmodelle betrachtet. Untersucht wird, welche Qualitätsebenen bei Web-TV-Angeboten bestehen und welches die entscheidenden Qualitätskriterien aus Sicht der Anbieter und Nutzer sind, um Web-TV-Angebote als Distributionskanal für Bewegtbilder im Web zu akzeptieren. Die Qualität lässt sich in inhaltliche, technische, formal-funktionale und ökonomisch-rechtliche Ebenen einteilen. Der erste Teil der Arbeit besteht in einer Strukturanalyse ausgewählter Angebote. Zur Bestandsaufnahme gehören spezifische Medienprodukte wie: MyVideo, ZDFmediathek, Mercedes-Benz TV, SPIEGEL.TV, FCB.tv, Fernsehkritik-TV und Zattoo, die jeweils auf Basis der Start- und einer Videoseite untersucht werden. Der zweite Teil betrachtet die Perspektive der Web-TV-Anbieter, die anhand von elf Experteninterviews erhoben wird. Die Experten repräsentieren die verschiedenen Formen des Web-TV-Marktes. Der dritte Teil befasst sich mit der Nutzersicht hinsichtlich Qualität und Akzeptanz, die mittels einer Onlinebefragung (Stichprobe: n=249) erhoben wird. Übergreifend stellt die Studie fest, dass auf der inhaltlichen Ebene (Content) Professionalisierung und Exklusivität die wesentlichen Faktoren sind. Im Bereich der Technik sind die generellen Steuerungsfunktionen und optionalen Einstellungsmöglichkeiten für eine individuelle Nutzung von Relevanz. Zudem sind das flexible und störungsfreie Abrufen des

Videocontents wichtig. Auf formal-funktionaler Ebene sind Einfachheit und Ästhetik der Plattformen von Bedeutung. Dazu kommen angebotene Interaktionsoptionen, wobei das Kommentieren von Videos auf Nutzerseite nicht so sehr ins Gewicht fällt. Auf ökonomischer Ebene zeigte sich eine Diskrepanz zwischen Anbietern und Nutzern. Die Anbieter sind auf ein Refinanzierungsmodell angewiesen. Dennoch sehen Nutzer weder Werbeunterbrechungen noch Abonnements als positiv an. Das am Qualitätsmodell orientierte Vorgehen brachte eine breite Datenbasis hervor und kann als Grundlage für weitergehende Forschungsarbeiten auf dem Gebiet des Web-TV gesehen werden.

Methode
In der Studie werden zur Beantwortung der Forschungsfragen drei wissenschaftliche Methoden genutzt: Inhaltsanalyse der Web-TV-Seiten mit dem Videoangebot, eine qualitative Expertenbefragung sowie eine quantitative Online-Befragung der Nutzerinnen und Nutzer. Diese Triangulation erlaubt es, drei Perspektiven miteinander zu verknüpfen, wobei Aussagen sowie Erkenntnisse generiert werden können, die sich mit jeweils nur einem methodischen Zugang nicht hätten realisieren lassen.

Quelle
Klosa, O. (2016). Online-Sehen. Qualität und Akzeptanz von Web-TV. Springer Vieweg, Wiesbaden.

5.2.2 Havarie-Management in komplexen Fernsehsystemen

Inhalt
Fernsehproduktionssysteme sind komplexer denn je. Die Gründe liegen in der zunehmenden Vernetzung, der tieferen technischen Integration und dem steigenden Automatisierungsgrad. Ein wichtiges Thema in der Fernsehproduktion ist deshalb die Vermeidung von Havarien. Um dies zu gewährleisten, ist es nötig, eine geeignete Methode zu entwickeln, um die Komplexität von Fernsehproduktionssystemen zu abstrahieren und verständlich darzustellen. Das Ziel der Studie war es, Transparenz in die

Komplexität der Sub-Produktionssysteme beim ZDF zu bringen. Im Ergebnis entstand ein methodisches Werkzeug, um die Darstellung der unterschiedlichen technischen Ebenen zu ermöglichen, Zusammenhänge darzustellen und dadurch das Eintreten und die Auswirkungen von Havarien zu begrenzen. Die Analyse erstreckte sich von der Wasser- und Energieversorgung bis zur Produktionsebene im Studio. Die Berechnung der Wahrscheinlichkeiten von Havarien auf unterschiedlichen Ebenen und die Darstellung als „Havarie-Faktor" leisten einen besonderen Beitrag zur Verständlichkeit der potenziellen Gefahren, vor allem an den Übergängen zwischen den jeweiligen Subsystemen.

Methode
In der Studie werden die Beobachtung der Workflows in Subsystemen und zahlreiche Experteninterviews als Methoden genutzt, um ein Gesamtbild aller Subsysteme und der Komplexität des Gesamtsystems nachzuzeichnen. Die jeweiligen Berechnungen basieren auf der Datenanalyse der betrachteten Subsysteme.

Quelle
Müller, Ch. (2012). Methoden zur Risikobetrachtung für das Eintreten und die möglichen Auswirkungen von Havarien in komplexen Systemen. Technische Universität Ilmenau.

5.2.3 Web-Seiten der Presse in Spanien und Deutschland

Inhalt
Web-Seiten sind spezifische digitale, internetbasierte Medienprodukte, die weitere Medienprodukte enthalten: Video, Audio, Pixelbilder und Grafiken sind zeitbasierte und diskrete Medien (multimediale Elemente), die die jeweilige Aussage der Seite unterstützen oder gar der Hauptträger der Informationen sein können. Basierend auf dem Modell der Medienproduktion (Content, Technik, Organisation) und dem Forschungsstand zu multimedialer Information entwickelt die Studie ihre Hypothesen und Analysekategorien. Digitale Bilder werden im Kontext der Geschichte der Pressefotografie und der Bedeutung von Bildern für europäische

Kommunikation gestellt. Betrachtet man die Online-Ausgaben der Zeitungen bzw. der Zeitschriften (Online-Presse), die als Ergebnis journalistischer Medienproduktion Nachrichten präsentieren, fällt im internationalen Vergleich auf, dass den jeweiligen multimedialen Elementen (vor allem Bildern) jeweils andere Bedeutung unterstellt werden kann. Die Studie von Álvaro García Gómez analysiert die Bildelemente der ersten Seiten ausgewählter Ausgaben der Online-Presse in Spanien und Deutschland und präsentiert die Ergebnisse samt Schlussfolgerungen. Sie schließt mit einem ersten Entwurf eines Kommunikationsmodells.

Methode
Die Studie nutzt einen Mix aus qualitativen und quantitativen Methoden der Inhaltsanalyse. Neben den Häufigkeiten bestimmter Bildtypen und Bildmotive ist deren Bedeutung wichtig, die sich durch qualitative Inhaltsanalyse erarbeiten ließ.

Quelle
Gómez, A. G. (2016). Análisis de la imagen digital y multimedia en la primera página de la prensa online. Estudio comparativo entre España y Alemania. Universidad de Malága.

5.2.4 Einfluss des Elements Organisation auf Tagesschau-Nachrichten

Inhalt
Die Studie über eine bedeutende Nachrichtensendung gründet direkt auf dem Ansatz der Medienproduktion und Medienproduktforschung. Bei der Nachrichtenselektion spielt ein Faktor eine erhebliche Rolle, der von der Wissenschaft bisher wenig beachtet wurde – der Faktor „Organisation". Das Organisatorische beeinflusst die Themenauswahl bei Nachrichtensendungen und bestimmt häufig die Art und den Umfang der Berichterstattung. Die Wirkungen des Organisatorischen lassen sich empirisch normalerweise nur schwer belegen. Die Organisation der Medienproduktion findet in der Regel hinter den

Kulissen statt und bleibt dem Außenstehenden meist verborgen. In der Studie wird beschrieben, unter welchen organisatorischen Bedingungen Nachrichtensendungen entstehen – von der Planung bis zur Ausstrahlung. Dabei zeigte sich: Das Organisatorische ist so wirkmächtig, dass es als eigener Nachrichtenfaktor betrachtet werden muss. Die klassische Nachrichtenwert-Theorie muss um diesen Aspekt ergänzt werden.

Methode
Der Autor moderiert die Tagesschau-Ausgaben am Nachmittag und konnte die organisatorischen Abläufe im Inneren einer TV-Nachrichtenredaktion beobachten und analysieren. Eine teilnehmende Beobachtung über fast ein Jahr hinweg und etwa einhundert Interviews förderten zutage, wie sehr sich das Organisatorische auf den Content von TV-Nachrichten auswirkt.

Quelle
Boetzkes, C.-E. (2008). Organisation als Nachrichtenfaktor. Wie das Organisatorische den Content von Fernsehnachrichten beeinflusst. VS Verlag für Sozialwissenschaften. Wiesbaden.

5.2.5 Gesundheitsforschung: Wie ändern digitale Medienprodukte die Kommunikation Arzt-Patient?

Inhalt
Die technologischen Veränderungen der letzten Jahre, oft auch unter dem Begriff Digitalisierung zusammengefasst, haben mittlerweile nahezu alle Lebensbereiche erreicht. Auch die Medizin ist durch den technischen Wandel Veränderungen unterworfen. Die Durchdringung des Internets und das Aufkommen von Smartphones, Apps und anderen medialen Gesundheitsangeboten, wie bspw. Wearables, haben außerdem dazu geführt, dass Patienten immer mehr Möglichkeiten haben, medizinische Informationen selbst zu erheben. Diese Angebote werden unter dem Begriff eHealth (electronic health) zusammengefasst. Die Nutzung solcher Angebote hat weiterhin dazu geführt, dass sich die Art und Weise

verändert hat, wie Patienten mit ihren Ärzten in Dialog treten und kommunizieren. Die Studie beschäftigt sich mit der Frage, welchen Einfluss die Nutzung solcher eHealth Angebote auf die heutige Arzt-Patienten-Kommunikation (APK) hat und welche Folgen für das Verhältnis zwischen Arzt und Patient hierdurch zu erwarten sind. Die Ergebnisse der Studie zeigen, dass ein verstärktes Interesse an gesundheitlichen Themen und einer intensivierten Nutzung von eHealth-Angeboten dazu geführt haben, dass sich die soziale Rolle des Patienten und auch die des Arztes, maßgeblich verändert. War der Patient früher lediglich Zuhörer einer einseitigen Arzt-Patienten-Kommunikation, ist er heute zunehmend aktiver Kommunikationspartner seines Arztes in einem konstruktiven Dialog. Zumindest entspricht dies laut Meinung der befragten Ärzte einem Idealzustand, der allerdings noch nicht überall Einzug gehalten hat. Sowohl auf Seiten der Ärzte, als auch bei Patienten und bei staatlichen Stellen sind noch einige Hürden zu nehmen, bis eine effektive ganzheitliche und auf der Nutzung digitaler Medienprodukte basierende Gesundheitskommunikation etabliert werden kann.

Methode
Aufbauend auf dem momentanen Forschungsstand zum Thema Gesundheitskommunikation und Prüfung vorhandener theoretischer Ansätze (Soziologie, Kommunikationswissenschaft und Medienproduktforschung), wurde eine Ausgangsbasis zur Formulierung von Fragestellung und Forschungsfragen geschaffen. Mit Hilfe von Experteninterviews mit praktizierenden Ärzten und deren qualitativen Analyse, wurden neue Erkenntnisse abgeleitet und Thesen über die Arzt-Patient-Kommunikation formuliert.

Quelle
Liebrich, F. (2017). Der Einfluss digitaler Medienprodukte auf die Arzt-Patienten-Kommunikation. Springer Vieweg, Wiesbaden.

5.3 Fragen und Aufgaben

1. Zeichnen (Skizze) oder beschreiben Sie kurz den Ablauf des Forschungsprozesses!
2. Auf welche Fragen konzentriert sich die Medienproduktforschung?
3. Warum schränken Theorien oder Modelle die Forschungsperspektive ein?
4. Nennen Sie einige mögliche Fragen der Medienproduktforschung und erklären Sie, wie diese mit dem Modell Content, Technik und Organisation zusammenhängen!
5. Die qualitative Befragung wird in der Medienproduktforschung häufig angewendet. Erklären Sie die Methode und nennen Sie die Formen der Interviews!

5.4 Zusammenfassung

Theorien, Modelle oder Konzepte dienen als Perspektive bzw. Fokus der Betrachtung von Objekten der Forschung und lassen bestimmte Fragen zu. Bestimmte Fragen kommen ohne Filter der Theorien gar nicht erst auf. Pluralismus der theoretischen Ansätze und die Vielfalt der Methoden sind für die Wissenschaft essenziel wichtig. Aber nach welchen Regeln sollen sie angewendet werden? Wie sollen sie kombiniert werden? Wann sind welche Methoden für den Forschungsprozess sinnvoll? Paul Feyerabend formuliert dazu in einem Beitrag unter dem Titel „Anarchische Erkenntnistheorie" folgende Antwort: „Ihr seid erwachsene Menschen, keine kleinen Kinder mehr, und müsst nun selbst euren Weg durchs Leben und durch die Wissenschaft finden!" (Feyerabend 1992, S. 59).

Die Medienproduktforschung ist auf das Praxisfeld gerichtet. Auch hier geht es darum, in Zeiten rascher technischer und sozialer Veränderungen die Orientierung zu behalten. Diese Herausforderung müssen wir alle annehmen.

6 Anhang

In dieser Publikation geht es vor allem darum, alle diejenigen an die Medienproduktforschung heranzuführen, die in einem interdisziplinären und innovativen Forschungsfeld arbeiten wollen. Es geht aber auch darum, Dozentinnen und Dozenten eine didaktische Hilfe an die Hand zu geben, damit sie die Lehre effektiv gestalten können. Das erste hier vorgestellte Beispiel zeigt ein Seminarkonzept, das bereits mit Erfolg realisiert wurde. Die Standardisierung der Inhaltsvermittlung und die Nutzung eines didaktischen Contents Management Systems für die Material-Distribution und für die unerlässliche Kommunikation zwischen Lehrenden und Lernenden (z. B. Moodle) erlauben es, mehrere Seminargruppen mit der gleichen Qualität zu unterrichten.

Ein wesentlicher Aspekt der Medienproduktion ist allerdings nicht nur die wissenschaftliche Reflexion von Medienprodukten, sondern auch die konkrete Produktion von Medien. Im zweiten Beispiel wird ein Konzept vorgestellt, das zwischen zwei Universitäten (Deutschland und Polen) über mehrere Jahre realisiert wurde, um im Kontext der politischen und kulturellen Integration innerhalb der EU Verständnis für Medienproduktionsprozesse, internetbasierte Kooperation und interkulturelle Kommunikation zu fördern.

6.1 Qualifikation im Bereich der Medienproduktforschung

Die Zielgruppe des Qualifikationsprogramms sind Studentinnen und Studenten in sozialwissenschaftlichen (z. B. Medien), wirtschaftswissenschaftlichen (z. B. Marketing) oder technischen (z. B. Medientechnik) Bachelor-Studiengängen als zentrales oder als ergänzendes Fach. Die zu erreichenden Lernziele definieren den Ablauf der Lehrveranstaltung.

Die Studierenden verstehen den theoretischen Ansatz der Medienproduktion. Sie können für ausgewählte Anwendungsfelder aus verschiedenen Medienbranchen den analytischen Zusammenhang zwischen Content (Inhalte), Technik und Organisation aufzeigen und die Anwendbarkeit des theoretischen Ansatzes der Medienproduktion kritisch reflektieren. Dazu gehören:

1. Auswahl von Medienprodukten und Beschreibung ihrer Systematik;
2. Entwicklung von Forschungsfragen und ihre theoretische Verankerung;
3. Definition von Untersuchungskategorien und Festlegung von Leitfadeninterviews;
4. Suche von Experten für ein qualitatives Interview;
5. Transkription der Experteninterviews;
6. Auswertung und Interpretation;
7. Rückführung der Ergebnisse auf die theoretischen Überlegungen (Reflexion).

In einem angefertigten Bericht als Gruppen- oder Individualarbeit lässt sich die Erreichung der Lernziele feststellen und bewerten. Die einzelnen Abschnitte des Berichts entstehen im Laufe der Forschungsarbeit und spiegeln die jeweiligen Phasen (1 bis 7) wider. Auf diese Weise können die Teilnehmer der Veranstaltung gezielt unterstützt werden. In Konsultationen werden dringende Fragen persönlich erörtert. Auch die Online-Lernplattform dient dem Austausch von Wissen und hilft bei der individuellen Unterstützung der jeweiligen Projekte.

Zwei Lernstunden in der Woche (2 LVS) rechtfertigen angesichts der Komplexität der Inhalte und des Aufwands sieben Leistungspunkte. Der Ablauf ist in der folgenden Tabelle zu sehen:

Termin	Anwesenheit	Was	Aufgaben
15. KW	**Präsenztermin 1**	Motivation, Erwartungen, Organisation, Einführung in das Modell der Medienproduktforschung	Aufgabe 1: Auswahl eines Medienproduktes Upload Kurzbeschreibung Methodenüberblick verschaffen
16. KW	**Präsenztermin 2**	Vorstellung der gewählten Medienprodukte, Einführung in die Forschungsarbeit (Fragen, Methode Experteninterview und Leitfaden, Auswertung)	Aufgabe 2: Erstellen einer Einleitung Upload Einleitung Kontaktaufnahme zu möglichen Experten Recherche und Vorbereitung auf die
17. KW	Selbststudium	Selbständige Arbeit, Vorbereitung des Leitfadens	Aufgabe 3: Erstellen eines Leitfadeninterviews Upload Leitfaden Entwurf mit ersten Frage zum nächsten Seminar mitbringen Durchführung eines Pretest Aufgabe 4: Verfassen der theoretischen und methodischen Grundlagen Upload theoretische Grundlagen

18. KW	Termin einzeln oder in Gruppen	Konsultation (Besprechung des Leitfadens)	
19. KW	**Präsenztermin 3**	Übung Leitfadeninterview	Aufgabe 5: Präsentation der bisherigen Arbeit (Erkenntnisinteresse, methodische Durchführung, Ergebnisse Pretest)
20. KW	Selbststudium	Vorbereitung der Präsentation	Upload Präsentation
21. KW	**Präsenztermin 4**	Vorstellung und Diskussion der Ergebnisse im Plenum	
22. KW	Selbststudium	Gruppenarbeit	
23. KW	**Präsenztermin 4**	Vortrag der bisherigen Arbeit Teil 1 Aufteilung der Gruppen für Peer-Review	
24. KW	Selbststudium	Bewertung für Peer-Review	Aufgabe 6: Peer-Review der Ausarbeitung der Bewertungsgruppe Upload Peer-Review

25. KW	**Präsenztermin 5**	Vortrag der bisherigen Arbeit Teil 2	Aufgabe 7: Vorbereitung eines Thesenpapiers Upload Thesenpapier
26. KW	Termin einzeln oder in Gruppen	Konsultation (Fortschritt der Arbeit, Beratung, Hilfestellung usw.)	
27. KW	Termin einzeln oder in Gruppen	Konsultation (Fortschritt der Arbeit, Beratung, Hilfestellung usw.)	
28. KW	**Präsenztermin 6**	Podiumsdiskussion (Thesenpapier),	**Abgabe Hausarbeit**

Tabelle 1 Seminarplan für Medienproduktforschung

Diese Struktur der Inhalte spiegelt sich in der Präsentation der Lerninhalte auf der Online-Lernplattform (Moodle) wider. Hier werden Aufgaben hochgeladen, hier findet in Foren ein Teil der Kommunikation der Seminarleiter und der Teilnehmerinnen und Teilnehmer statt, hier werden alle Dokumente bereitgestellt (Skripte, Präsentationsfolien, Literaturquellen usw.).

Zum Konzept des Seminars gehören:

- **Konsultationen**, die eine individuelle Beratung der jeweiligen Gruppen ermöglichen. Jede Gruppe erhält ihren eigenen Termin und kann damit eigene Fragen, Probleme, Bemerkungen anbringen und sich zum Thema des gewählten Produktes und des Stands der Forschung mit den Dozentinnen und Dozenten austauschen;

- **Peer-Reviews,** die den jeweiligen Gruppen erlauben, sowohl andere Gruppen zu bewerten als auch eine Rückmeldung von den Kommilitonen zur eigenen bisherigen Arbeit zu bekommen;
- **Leitfadeninterviews** mit Experten als bevorzugte Methode ist eine große Bereicherung der Ausbildung. Mit bislang nur aus den Medien bekannten Profis (Regisseure, Redakteure, Produzenten, Kameraleute usw.) persönlich zusammenzutreffen. Ein Interview mit Stefan Raab oder mit Scobel über die Prozesse der Entstehung von Medienprodukten im Kontext von Content, Technik und Organisation ist nicht nur eine sinnvolle Ergänzung der theoretischen Grundlagen, sondern es bedeutet auch einen Motivationsschub für die eigene universitäre Bildung und die Planung der beruflichen Zukunft. Neben den Leitfadeninterviews mit Experten ist es jedoch je nach Medienprodukt und Fragestellung möglich, andere Forschungsmethoden zu nutzen (z. B. Inhaltsanalyse, Beobachtung). Die Bedeutung der individualisierten Betreuung wird an dieser Stelle deutlich.
- Obligatorisch ist die Nutzung der **Online-Lernplattform (Moodle).** Hier gibt es notwendige Hilfsmaterialien, Foliensätze, Literaturhinweise (Texte selbst stehen nicht online) und hier werden die Arbeiten der Studierenden hochgeladen. Man kann Fragen stellen, Fragen diskutieren, Fragen beantworten, mit anderen kommunizieren und Nachrichtenforen nutzen. Es handelt sich nicht um ein Webinar, sondern um eine Präsenzveranstaltung. Trotzdem ist die Nutzung der Online-Lernplattform eine wichtige Voraussetzung für einen transparenten und reibungslosen Ablauf.

Das Seminar wird gut angenommen und nach anfänglichen Problemen mit der Themenfindung erleben es die Teilnehmerinnen und Teilnehmer durchweg positiv. Die Phasen von der Medienproduktfindung, über die Entwicklung von Fragen und der Organisation des Interviewtermins müssen jedoch stets intensiv betreut werden. Es gab in der Vergangenheit kaum Terminabsagen von Experten. In nur wenigen Fällen war es notwendig, auf ein anderes Medienprodukt auszuweichen.

Sofern man jedoch die Probleme in den ersten Wochen abfängt, gibt es keine Verzögerungen im Ablaufplan des Seminars.

Beispiele für einige Abschlussarbeiten finden Sie in der „Online-Zeitschrift für Medienproduktion" (vgl. http://www2.tu-ilmenau.de/zsmp/, z. B. Ausgabe 1/2011, Das CTO-Modell und Musikproduktion, S. 8ff. sowie Ausgabe 2/2012, Logo, die Welt und ich, S. 17ff.).

6.2 Internationale Medienproduktion „Medienbrücke"

Idee und Ursprung
Theorie und Praxis sind zwei Standbeine der Ausbildung an jeder Hochschule. Sie sinnvoll zu verknüpfen und in die Lehre zu integrieren, ist eine Aufgabe, die nur mit geeigneten didaktischen Methoden gelingen kann. Das Fachgebiet Kommunikationswissenschaft der Technischen Universität Ilmenau und das Institut für Journalistik und Soziale Kommunikation der Jagielloner Universität in Kraków bilden Studierende aus, die nach ihrem Abschluss auch im journalistischen Bereich tätig sind. Aufgrund von Kooperationsgesprächen haben beide Partner Ziele, Inhalte, Medien, Methoden einer grenzüberschreitenden Ausbildung festgelegt und erprobt.

Die zu erarbeitenden medialen Konzeptionen sollten die nationalen Unterschiede als kulturellen Reichtum eines vereinten Europas verstehen und einbeziehen. Durch die länderübergreifende Darstellung des nationalen Kontexts kann einer Marginalisierung bzw. Übertreibung von nationalen Unterschieden, Stereotypen und Vorurteilen entgegengewirkt werden. Aus diesem Grund waren Konzeptionen von Medieninhalten, die vor allem dem Abbau von Vorurteilen dienten, Hauptanliegen des Online-Seminars.

Abb. 6.1 Präsenztreffen der Ilmenauer und Krakauer Gruppen in Wroclaw/Breslau, Polen

Neben dem genannten gesellschaftlich-normativen Anliegen war die internetbasierte Kommunikation und Kooperation (Online-Arbeit) zwischen den Seminarteilnehmern von besonderer Bedeutung. Durch das Online-Seminar entstand ein didaktisches Konzept für ein transnationales Hochschulseminar mit Unterstützung durch Internetdienste. Jeweils zum Wintersemester wurde dieses Seminar unter dem Titel „Medienbrücke" durchgeführt. Die Organisation der Online-Arbeit war in jedem Jahr unterschiedlich und lässt sich in vier Entwicklungsstadien einordnen, die jeweils ein Semester dauerten:

1. Verwandte Themen, national unterschiedliche Medienprodukte, E-Mail-Kommunikation, Chat-Kommunikation, gemeinsame Endpräsentation per Internet-Videokonferenz;

2. Gemeinsame Themen, national unterschiedliche mediale Produkte, E-Mail-Kommunikation und unregelmäßige Internet-Videokonferenzen, Nutzung von Newsgroups, getrennte Endpräsentationen in Kraków und Ilmenau;

3. Gemeinsame Themen und gemeinsame mediale Produkte, zeitversetzte E-Mail-Kommunikation und zeitsynchrone Internet-Telefonie (VoIP mit Skype), gemeinsame Endpräsentation in Kraków;

4. Gemeinsame Themen und gemeinsame mediale Produkte, Workflow-Organisation mit Hilfe von Wiki- und Blog-Systemen sowie zeitsynchroner Internet-Telefonie (VoIP mit Skype), gemeinsame Endpräsentation in Berlin.

Die einzelnen Phasen stellen inhaltliche und didaktische Entwicklungsphasen dar.

Phase I
Nach der ersten Vereinbarung zwischen dem Fachgebiet Kommunikationswissenschaft der Technischen Universität Ilmenau und dem Institut für Journalistik und Soziale Kommunikation der Jagielloner Universität wurde eine gemeinsame Lehrveranstaltung eingerichtet, in der ausgewählte Themen, damals aus dem Alltag beider Länder, von den Studierenden bearbeitet werden sollten. Es wurde den Studierenden überlassen, ob sie zu dem Thema ein gemeinsames mediales Projekt realisieren oder ob sie die Themen unterschiedlich umsetzen. Die Studierenden lernten sich in einem Chat-Forum mit Hilfe zeitsynchroner Text-Kommunikation kennen und von den Dozenten wurden thematische Gruppen angeregt. Im Laufe des Semesters erfolgte die Kommunikation zwischen den polnischen und deutschen Gruppen vor allem per E-Mail.

Die Koordination der Projekte konnte nur durch einen Besuch und durch direkte Beratung einer deutschen Lehrkraft in Kraków unterstützt werden. Es fehlten leider jegliche finanziellen Mittel für die Durchführung einer gemeinsamen Lehrveranstaltung. Dementsprechend unterschiedlich waren die medialen Produkte der deutschen und polnischen Gruppen, deren Endpräsentation über das Internet mit einem Videokonferenzsystem erfolgte. Obwohl die zu übertragende Sprache und das Bild zeitverzögert nach dem Senden in Ilmenau bzw. Kraków eintrafen, war der visuelle Eindruck entscheidend für die weitere Nutzung eines internetbasierten Videokonferenz-Systems als ein grundlegendes Werkzeug der zeitsynchronen Kommunikation in der zweiten Phase.

Phase II
Um mehr persönlichen Kontakt zu ermöglichen, wurden vier Studierende der Jagielloner Universität im Rahmen eines Stipendiums nach Ilmenau eingeladen, die den deutschen Gruppen bei der Kommunikation mit polnischen Kommilitonen helfen sollten. Zur gleichen Zeit fuhren im Rahmen einer Sokrates-Vereinbarung beider Hochschulen zwei Studierende der Technischen Universität Ilmenau nach Kraków. Damit konnten die Organisatoren des Seminars zwar teilweise persönlichen Kontakt zwischen den Studierenden sicherstellen, doch die Einrichtung der „Botschafter" an der anderen Bildungseinrichtung war auch zugleich nachteilig. Das Hauptgewicht der Kommunikation zwischen den Gruppen wurde zu stark auf die „Botschafter" konzentriert, die auch die Funktion als Gatekeeper im Kommunikationsprozess via Internet eingenommen hatten. Die laufende Koordination der Arbeitsaufgaben zwischen den polnischen und deutschen Teilnehmern erfolgte über E-Mail.

Die Nutzung der Newsgroups wurde zwar zwischen den Gruppen vereinbart, um die Arbeit zu dokumentieren, doch in der Praxis wurde dieses Werkzeug kaum genutzt. Vor allem auf der polnischen Seite lautete die Begründung für die Ablehnung, dass der Zugang zum Internet erschwert sei. Unregelmäßig nutzten die Seminarteilnehmer das internetbasierte Videokonferenz-System für die Arbeitsabsprachen. Grund hierfür war der o. g. Zeitversatz im Senden und Empfangen von Bild und Ton, der im Laufe der Zeit mehr Kommunikationsprobleme schuf als löste. Außerdem war die technische Umsetzung der

Videoübertragung (bspw. Beleuchtung, Kameraführung, Mikrofonausstattung, Konfiguration und Kontrolle von Softwarekomponenten) sehr aufwändig. Die Seminarergebnisse wurden in Ilmenau und Kraków getrennt präsentiert.

Phase III
Bei der Vorbereitung des dritten Durchlaufs des Online-Seminars reiste ein Mitarbeiter der TU Ilmenau nach Kraków. Nach Gesprächen mit den Partnern vor Ort wurde sich auf den Einsatz der kostenlosen und plattformübergreifenden Videokommunikationssoftware Skype (Internet-Telefonie, Instant Messaging, P2P-Dateitransfer, Videokonferenz) geeinigt.

Die Erfahrungen der vorangegangenen Jahre zeigte, dass neben dem Einsatz der „richtigen" Kommunikationstechnik vor allem die fehlende Face-to-Face-Kommunikation der Seminarteilnehmer aus beiden Ländern ein Hauptproblem des Online-Seminars darstellte. Aus diesem Grund begann das Seminar mit einem Präsenztreffen an der deutsch-polnischen Grenze in Görlitz/Zgorzelec. Das Treffen, begleitet von Journalisten der Redaktion Via-Europa des Mitteldeutschen Rundfunks (MDR), bot zum ersten Mal den Studierenden aus Polen und Deutschland die Gelegenheit, Themen ihrer künftigen Online-Zusammenarbeit in einer gemeinsamen Diskussion zu formulieren und sich auf gemeinsame mediale Produkte zu einigen. Es entstanden zwischen den Studierenden auch dauerhafte Kontakte. So verbrachte eine Gruppe aus Ilmenau die Zeit zwischen Weihnachten und Neujahr in Kraków. Die Endpräsentation der Seminarergebnisse fand am Semesterende in Kraków unter Beteiligung lokaler Pressevertreter statt.

Die Kommunikation per Skype erwies sich als sehr zuverlässig und einfach. Allein die großen Abstände (ein bis zwei Wochen) zwischen den Skype-Sitzungen empfanden die Teilnehmer als störend. Die Kommunikation per E-Mail war nach wie vor für die Arbeit in Ilmenau und Kraków grundlegend. Da es jedoch auf der polnischen Seite aufgrund der damals zu geringen technischen Ausstattung der

Universität und einer relativ geringen Anzahl von privaten Internetanschlüssen der Studierenden (digital divide) immer wieder zu Verzögerungen im E-Mail-Kommunikationsfluss und sogar partiellen Informationsverlusten (informational gap) kam, beschlossen die Organisatoren auf beiden Seiten webbasierte Werkzeuge der zweiten Generation (social networks) für den Workflow einzusetzen. Nach einer Testphase sollten Wikis und Weblogs die E-Mail-Kommunikation ersetzen.

Phase IV
In der letzten Phase fand das Präsenztreffen in Wroclaw statt. In einem zweitägigen Workshop erarbeiteten die Seminarteilnehmer aus Polen und Deutschland gemeinsame Themen, die mit gemeinsamen medialen Produkten umgesetzt werden sollten. Es fand ebenfalls eine praktische Einführung in die Arbeit mit dem Wiki- und Weblog-System (Bliki) statt. Das Wiki-System stellte sich im Laufe des Erstellungsprozesses immer mehr als ein nützliches Tool dar, da hier stets die aktuellste Version der jeweiligen redaktionellen als auch organisatorischen Inhalte zu finden ist. Dadurch wurde vermieden, dass mehrere verschiedene parallele Versionen eines elektronischen Dokumentes im Umlauf waren. Weiterhin richteten die Teilnehmer einen Arbeitsbereich im Wiki-System ein, in dem die alle zwei Wochen stattfindenden Skype-Telefonate zwischen Ilmenau und Kraków schriftlich protokolliert wurden. Ein Problem mit dem Wiki-System bestand im Auffinden von Informationen durch die zunehmende Menge von Inhalten (information retrieval). Die Nutzer mussten selbst die Wiki-Inhalte strukturieren, organisieren und Inhaltsverzeichnisse anlegen. Dies vereinfachte das Auffinden der gewünschten Informationen.

Die Nutzung von Weblogs als Alternative zur E-Mail-Kommunikation konnte sich im Rahmen des Online-Seminars nur teilweise auf deutscher und polnischer Seite durchsetzen. Als Gründe nannten die Seminarteilnehmer bspw. den hohen Grad an Öffentlichkeit in der Weblog-Kommunikation gegenüber der Privatheit in der E-Mail-Kommunikation. Auch ist zu beachten, dass die Nutzung von Weblogs in Deutschland und Polen noch nicht so stark „kultiviert" ist wie bspw.

in den USA. Ist etwas unbekannt, dann nutzt man es nicht, wenn bekannte Alternativen zur Verfügung stehen und ein Mehrwert nicht zu erkennen ist (Rationalismus).

Sprache als Dreh- und Angelpunkt der Kommunikation
Ein wichtiger Aspekt der Online-Kommunikation war seit Beginn der Online-Veranstaltung die Frage der Sprache. Dadurch, dass einige (sehr wenige) deutsche Studierende Polnisch und relativ viele polnische Studierende Deutsch sprachen, war oft Deutsch die Verständigungssprache. In der Regel wurde jedoch auf Englisch kommuniziert, was mitunter Probleme verursachte. Ein deutscher Teilnehmer schreibt: „Da Englisch für alle Beteiligten eine Fremdsprache war, kam es schnell zu Missverständnissen. Beispielsweise hatten wir als deutsche Gruppe das Problem unser nochmals überarbeitetes Konzept, welches nur noch in groben Zügen dem alten entsprach, richtig vorzustellen und zu erklären. Wir stellten uns immer wieder die Frage: Haben Sie es nun richtig verstanden? Nach langem hin und her eskalierte die Situation. Bis ein klärendes Gespräch unter Einmischung der Dozenten die Lage entspannte."

Aus der Sicht der Teilnehmer war vor allem die erlebte Online-Kommunikation ein Gewinn, da es unzählige Möglichkeiten gab, die Kommunikation theoretisch und praktisch zu reflektieren. Ein Teilnehmer sagte dazu: „Eine neue und wichtige Erfahrung war für uns, die Kommunikation an sich als Problem zu erleben. Das was sonst so einfach gesagt wird, kann in fremder Sprache leicht zu Missverständnissen führen. Wir wissen nun, dass man sich bei einem interkulturellen Projekt auf schwierige Situationen durch Kommunikationsprobleme einstellen und vorbereiten sollte. Dazu gehört auch, Kompromisse einzugehen und sich miteinander zu arrangieren."

Fazit
Das Online-Seminar schaffte einen didaktisch sinnvollen Rahmen für eine transnationale universitäre Lehrveranstaltung. Die Nutzung der Internet- Dienste erwies sich als eine wichtige Voraussetzung für das Gelingen der internationalen Kooperation, doch nicht alle Dienste

haben für den Workflow die gleiche Bedeutung. Die E-Mail-Kommunikation wurde gern genutzt, aber als weniger verbindlich angesehen. Bei Einforderung von Arbeitsergebnissen kam zuweilen die Erklärung, dass E-Mails nicht angekommen seien.

Ähnlich sind Messenger-Dienste (Gadu-Gadu etc.) einzuschätzen, die von den Teilnehmerinnen und Teilnehmern gelegentlich nebenbei genutzt wurden. Der Vorteil der Messenger-Dienste liegt aber in der relativ reibungslosen zeitsynchronen Kommunikation. Eine breitere Nutzung wäre allerdings nur dann möglich, wenn die technischen Rahmenbedingungen in Polen und in Deutschland vergleichbar wären (Anzahl privater Internetanschlüsse). Die Nutzung der Videokonferenzen war wegen einer Zeitverzögerung zwischen Bild und Ton nicht sinnvoll, dagegen erwies sich die Skype-Telefonie als grundlegend für den Erfolg der Lehrveranstaltung. Auch die Nutzung von Wiki-Systemen erlaubt den Studierenden den Arbeitsfortschritt zu kontrollieren und abzustimmen. Es ist allerdings stets mit anfänglichen Problemen zu rechnen, da sich der Wert des Werkzeugs erst während der Arbeit erschließt. Es ist natürlich möglich, die Schulung der Nutzung von Wiki-Systemen am Anfang der Lehrveranstaltung zu intensivieren.

Das Online-Seminar war allerdings stets auch aus einem anderen Grund ein Erfolg. Ein gemeinsames wissenschaftlich fundiertes mediales Projekt zu realisieren und dabei mit Studierenden einer anderen Nation zu kooperieren, wird von Studierenden als wichtiger Beitrag zur Ausbildung ihrer interkulturellen Kompetenzen angesehen. Zudem erfährt die wissenschaftliche Reflexion über Kommunikation und über die Erstellung von Medienprodukten in einem Medienstudiengang (Journalistik in Polen und Medienwissenschaft in Deutschland) eine praktische Verankerung. Das Verständnis für praktische Produktionsabläufe hilft auch den engen Zusammenhang zwischen Content, Technik und Organisation zu verstehen.

Für die Organisatoren besteht zwar ein erhöhter Vorbereitungsaufwand und es werden einige finanzielle Mittel für das Präsenztreffen benötigt, doch der Aufwand steht in keinem Verhältnis zum Ertrag. Die qualitativ hochwertigen medialen Produkte der Studierenden waren auch für professionelle Medien in der Region Kleinpolen (Telewizja Kraków) und in Thüringen (MDR) interessant. Ein Fazit liefert die Aussage eines deutschen Studenten: „Ich denke, dass die Medienbrücke eine gute Möglichkeit ist, zu erfahren, wie Leute aus anderen Ländern über das Mediensystem und bestimmte soziale Themen denken. Meiner Meinung nach ist eine grenzüberschreitende Zusammenarbeit sehr wichtig. Lasst uns die Europäische Union durch persönliche Beziehungen lebendig machen!"

6 Glossar

Algorithmus ist eine strukturierte Handlungsanweisung. Rechenberg (1994, S. 90) definiert Algorithmus als „schrittweise Verfahren zur Berechnung von gesuchten aus gegebenen Größen. (...) Wesentlich ist, dass die Schritte eindeutig beschrieben sind, dass sie für einen Menschen oder Computer ausführbar sind und dass es nur endlich viele Schritte sind (...)". Gegenwärtig liegen Algorithmen allen softwarebasierten digitalem Medien und innovativen Softwaretechnologien zugrunde.

Analog ist ein Signal dann, wenn sein Verlauf ununterbrochen ist (nicht abgestuft) (vgl. digital).

Artefakte sind von Menschen künstlich erzeugte Gegenstände (Kunstgegenstände, Maschinen, Haushaltgeräte usw.).

Big Data bedeutet Massendaten, die sich mit herkömmlichen Auswertungsverfahren nicht erschließen lassen und spezielle algorithmische Analyseverfahren benötigen. Dieser Begriff wird häufig in der politischen Debatte verwendet, um auf die Privatheit der persönlichen Daten hinzuweisen, die von Dritten ausgewertet werden können. In technischer Hinsicht unterliegt der Begriff einem Wandel an Bedeutung und drückt Entwicklungen aus, die sich zwischen großen Datenmengen, Datenbanken, Cloud-Computing oder algorithmischer Verarbeitung von Daten bewegen. Insgesamt stellt Big Data einen wenig konkreten Begriff dar, der je nach Kontext und Diskurs unterschiedliche Bedeutung annehmen kann und in Folge zu Missverständnissen führt.

Bitcoin ist eine dezentrale (verteilt auf mehrere Computer und Server), digitale und durch kryptografische Methoden (Verschlüsselung) gesicherte Zahlungsform (auch Kryptowährung oder Kryptogeld). Bitcoin als internetbasiertes Zahlungssystem wurde 2008 eingeführt und kann in unterschiedliche Währungen umgetauscht werden (am 21.02.2017 lag der Umrechnungskurs von 1 Bitcoin bei 1044,86 Euro).

Botschaft ist eine an einen Empfänger gerichtete bedeutungsvolle Nachricht. Eine Nachricht kann für Kommunikationspartner wechselseitig (reziprok) sein, eine Botschaft ist dagegen einseitig gerichtet.

CMS (Content Management System) bedeutet eine Applikation, die Produktion und Verwaltung von Online-Content ermöglicht. Beispiele für populäre CMS sind u. a. WordPress oder Moodle. In der Praxis der Medienproduktion haben Redaktionssysteme oder Enterprise Content Management Systeme (u. a. SharePoint oder Connections) eine besondere Bedeutung erlangt.

Daten bedeuten die elementaren „Dinge" (z. B. Entsprechungen der Wirklichkeit) die im Computer verarbeitet werden. Sie haben eine bestimmte Struktur,

Eigenschaften (Attribute) und stehen untereinander in einer bestimmten Beziehung (Relation). Rechenberg (1994, S. 19) führt aus: „Alles was zähl- und messbar ist, kann durch binärcodierte Daten ausgedrückt werden. Das sind nicht nur Zahlen und Texte, sondern alle physikalische Größen und ihre zeitlichen Verläufe, insbesondere optische und akustische Größen, also Bilder, Sprache und Musik. Das wiederum hat die Konsequenz, dass Bilder, Sprache und Musik von Computern erzeugt und verarbeitet werden können."

Diffusion ist ein Prozess, in dem Innovation in einer bestimmten *Zeit* durch einen *Kommunikationskanal* an Mitglieder eines *sozialen Systems* übermittelt wird (vgl. Rogers 1983).

Digital ist die Bezeichnung für ein diskretes (abgestuftes, in festen Schritten) Signal (vgl. analog).

Elemente der Medienproduktion sind Content, Technik und

Organisation, die miteinander in Beziehung stehen (vgl. das Modell CTO) und die Form des Medienproduktes bestimmen.

Entropie bedeutet in der Informationstheorie ein Maß für den mittleren Informationsgehalt einer Nachricht. Claude Elwood Shannon hat diesen Begriff der Thermodynamik entliehen, um die Übertragung von Nachrichten trotz Störungen verlustfrei zu gewährleisten. Das mathematische Modell von Shannon machte dank der Verwendung des kleinsten Alphabetes (binär) sowohl Mobilfunk, Satellitenübertragung als auch Internet und digitale Medien insgesamt möglich.

FoxP2 (Forkhead-Box-Protein P2) ist ein Gen, das für die Kommunikation der Menschen und die Sprachentwicklung zuständig sein soll.

Gleichschaltung ist ein Kennzeichen für totalitäre politische Systeme und bedeutet die Abschaffung der Pressefreiheit durch Zentralisierung der Massenmedien unter der Führung einer totalitären Diktatur. Die Medienberichterstattung folgt einheitlich den Anweisungen der politischen Macht.

Hybride Medien sind zwei oder mehr digitale Medientypen (Audio, Video, Bild), die zu einem neuartigen Verbund dauerhaft verknüpft werden (z. B. Audio/ Video im Streaming).

Hypothese bedeutet eine Annahme über einen Gegenstandsbereich/Realität, die noch bewiesen werden muss. Je nach der jeweiligen wissenschaftlichen Disziplin hat die Hypothese eine etwas unterschiedliche Bedeutung. In den empirischen Wissenschaften haben Hypothesen die Satzkonstruktion „wenn..., dann" oder „je..., desto" und enthalten prinzipiell die Möglichkeit, dass man sie auch verneinen kann (die Forderung nach Falsifizierung nach K. R. Popper). In der Mathematik dagegen sind Hypothesen gesetzte allgemeine Annahmen (Axiome), die zur Ableitung von weiteren mathematischen Sätzen dienen. Es gibt auch weitere Bedeutungsdimensionen, wie bspw. Gleichheit von Hypothesen und Theorien oder das Verständnis von Hypothesen als Vorstufe der Theorien.

Industrielle Revolution ist eine Bezeichnung für technische, wirtschaftliche und gesellschaftliche Folgen der Einführung bestimmter Technologien. Kommunikation, Produktion und Distribution unterliegen dabei einem radikalen Wandel. Die Einführung der Dampfmaschine führte zur ersten industriellen Revolution, die Einführung der Elektrizität zur zweiten und nach Jeremy Riffkin löste die Einführung der erneuerbaren Energien und des Internet die dritte industrielle Revolution aus.

Information ist eine Sinneinheit (Repräsentation der Wirklichkeit), die ihre Sinnhaftigkeit erst beim Empfänger unter bestimmten Voraussetzungen entfalten kann. Diese Voraussetzungen nennt man Codes. Sie müssen für alle Kommunikationspartner gleichbedeutend und eindeutig sein. Eine Information wird vom **Signal** getragen.

Innovation bedeutet neue oder neuartige „Dinge und Kräfte", die spontan in der Wirtschaft entstehen (Schumpeter). Innovationen sind nach Rogers Technologien, die zwei Aspekte aufweisen: *Softwareaspekt* und *Hardwareaspekt*.

Interdisziplinarität bedeutet die Zusammenarbeit mehrerer wissenschaftlicher Disziplinen, indem sie sich einem gemeinsamen Forschungsobjekt zuwenden. In der Medienproduktion sind als Objekt die Medienproduktionsprozesse und die entstehenden Medienprodukte zu betrachten. Die beteiligten Disziplinen und Teildisziplinen der Medienproduktion sind u. a. Informatik, Kunst und Gestaltung, Medientechnik, Journalismus, Informationstechnik, Betriebswirtschaftslehre, Marketing, Werbung und Medienwissenschaft.

Kanal oder genauer Kommunikationskanal ist eine Verbindung zwischen zwei oder mehreren Punkten (bzw. Kommunikationspartnern) und erlaubt den Informationstransport. Die Medienbranchen (Film, Fernsehen, Presse usw.) stellen spezifische technische Kommunikationskanäle zur Verfügung.

Kuleschow-Effekt bedeutet eine Beeinflussung der Zuschauerwahrnehmung durch Montage. Die nacheinander präsentierten Bilder einer Filmsequenz, die zunächst immer das gleiche ausdruckslose Gesicht eines Schauspielers zeigten und daraufhin einen Teller mit Suppe oder eine Frau bzw. einen Sarg, bewerteten die Zuschauer die Emotion des Schauspielers als Ausdruck des Hungers, der Begierde bzw. als Trauer. Die Filmmontage vermittelt einen Zusammenhang zwischen den aneinander montierten Szenen.

Medienprodukte sind das Ergebnis des Medienproduktionsprozesses. Medienprodukte sind sehr vielfältig, da es sich genauso gut um digitale Daten, Genres oder Formate im Fernsehen handeln kann, aber auch um elektronische Baugruppen oder Medienendgeräte, wie bspw. Smartphone oder 4K-Fernsehen.

Medienproduktion ist als Handlungsfeld komplex und nicht einheitlich für alle Medienprodukte, auch wenn sich die Phasen Preproduktion, Produktion, Postproduktion und Distribution für alle Medienprodukte ausmachen lassen. Gleichzeitig bedeutet Medienproduktion ein interdisziplinäres Forschungsfeld und zeigt dabei zwei Forschungszugänge: 1. Medienproduktion beschäftigt sich mit Prozessen, in deren Ablauf Medienprodukte entstehen (Medienproduktionsforschung); 2. die Forschung kann aber auch die entstandenen Medienprodukte fokussieren (Medienproduktforschung). Die Medienproduktion greift auf Erkenntnisse der anderen Disziplinen zu, sie verwendet dabei jedoch ein eigenes Modell.

Medium (bzw. Medien) ist ein unterschiedlich gedeuteter

und vager Sammelbegriff für Kommunikationsmittel, Kommunikationskonzepte oder Kommunikationssysteme.

Methoden sind festgelegte Vorgehensweisen oder Regeln, um ein gesetztes Ziel zu erreichen. In jeder wissenschaftlichen Disziplin erlauben sie, Theorien, Modelle bzw. Hypothesen zu gewinnen oder zu generieren. Im Allgemeinen stellen sie einen Erkenntnisweg dar.

Modell „Content, Technik und Organisation" (CTO) wurde von Heidi Krömker und Paul Klimsa entwickelt, um die Veränderungen der Medien durch Digitalisierung besser mit der Forschung zu erfassen. Das Modell zeigt, wie aus der Interaktion zwischen Content-Produktion, der Organisation der Medienproduktion und der Medienproduktionstechnik Medienprodukte hervorgehen. Zwischen den Elementen Content und Technik verläuft ein Transformationsprozess. Damit wird Content an das Vermittlungssystem angepasst. Hier wird auch die Konvergenz der Technik wirksam, die auf die Content-Produktion Einfluss nimmt. Aus dem Zusammenhang zwischen Technik und Organisation gehen die konkreten Produktionsprozesse hervor. Organisation bestimmt auch den Rahmen für die Content-Produktion und verändert die Geschäftsprozesse, die sich auf die Struktur der medienproduzierenden Unternehmen und ihre Produktionsinfrastruktur auswirken. Auch hier ist technische Konvergenz relevant. Zwischen den Elementen Content und Technik, Technik und Organisation sowie Organisation und Content gibt es genuine Verknüpfungen, deren Untersuchung neue Aspekte der Kommunikation, Produktion, Organisation usw. im Feld der Medienproduktion offenbart. Die Elemente der Medienproduktion sind im Kontext der Umfeld-Einflüsse wirksam. Politik, Wirtschaft, Kirchen oder z. B. Medienrecht bestimmen den Rahmen für die gegenseitigen Interaktionen der Elemente Content, Technik und Organisation. In dem Prozess der Medienproduktion entsteht dann ein

Medienprodukt, das von einem Nutzer oder einer Nutzerin gebraucht werden kann. Die Nutzerinnen und Nutzer sind dabei nicht zwingend passiv, sondern können auch eine aktive Rolle einnehmen und selbst zu Produzenten von Content werden.

Multimedia bedeutet die gleichzeitige Verfügbarkeit und Präsentation mehrerer digitaler Medien auf einer Plattform oder in einer Anwendung.

Nachricht ist ein Konglomerat von zusammenhängenden Informationen.

Null-Grenzkosten-Phänomen bedeutet, dass einmal erzeugte digitale Medienprodukte nahezu kostenlos und unbeschränkt verteilt werden können.

Obsoleszenz bedeutet Abnutzung und Alterung von Produkten, die in Folge nicht mehr genutzt werden können, d. h. sie werden obsolet. Neben verschiedenen Formen der Obsoleszenz wird an dieser Stelle vor allem auf die geplante Form verwiesen, die mit Absicht die Nutzungsdauer von Produkten herabsetzt.

Packaging ist die künstlerische Konstitution des Films.

QWERTZ-Phänomen ist eine unangemessene Anwendung einer alten Technik in neuartigen technischen Lösungen (z. B. Schreibmaschine als Eingabegerät für Computer).

Sachsystem ist ein aus einer Menge menschlicher Handlungen hergestelltes und planmäßig nutzbares gegenständliches Gebilde.

Signal ist physikalischer Träger der Information, die zwischen den Kommunikationspartnern über einen Kanal transportiert wird.

Soziotechnisches System bedeutet eine organisatorische Verbindung zwischen Mensch und Technik.

Technik bedeutet Artefakte und Sachsysteme, die von Menschen zweckgebunden hergestellt werden, andererseits werden Artefakte und Sachsysteme von Menschen zweckgebunden gebraucht. Die jeweiligen Handlungen verändern dabei die Umwelt (vgl. Ropohl 2009).

Theorie ist ein Satz oder ein System von Sätzen, die sich auf die Realität richten, um sie zu erklären. Je nach der wissenschaftlichen Disziplin oder dem methodologischen Zugang kann der Begriff in seiner Bedeutung variieren.

Turingmaschine kann jede berechenbare Folge errechnen, was uns erlaubt zu erkennen, ob ein Problem lösbar ist. Was die Turingmaschine (als theoretischer Computer) nicht berechnen kann, ist nicht berechenbar. Jede beliebige andere Maschine (Computer) kann damit mit der Turingmaschine abgebildet werden.

Von-Neumann-Rechnerarchitektur besteht aus einem Speicher, einem Rechenwerk, einem Steuerwerk und aus Eingang- und einem Ausgang-Komponenten.

Wissenschaft bedeutet ein System von Handlungen, die das Wissen über einen Gegenstandsbereich systematisch mit anerkannten Methoden erarbeiten (Forschung) und publizieren (wissenschaftlicher Diskurs) sowie organisiert weitergeben (Lehre). Wissenschaft stellt ein gesellschaftlich anerkanntes System dar, in dem Forschung und Lehre organisiert und betrieben werden.

7 Index

A

Abstraktionsschichten der Medienprodukte · 122
Accesability · 134
Alexander, Christopher · 136
Algorithmen · 82, 85, 92, 109, 111, 112, 113, 114, 115, 116
Alta Vista · 92
Altair-8800 · 88
Analitical Engine · 84
Apple · 88, 95, 96
Artefakte · 24
ASCII · 116, 119
Ästhetik · 134
Aufklärung · 76
Ausgabegeräte · 110
Autopoiesis · 26

B

Babbage, Charles · 76, 84
Belichtungszeit · 103
Berners Lee, Tom · 91
Bertalanffy, Ludwig von · 26
Betriebswirtschaftslehre · 16
Big Data · 40, 78, 116, 123, 154
Binärzeichen · 116
Bit · 116
Bitcoin · 78, 92
Botschaft · 20
Byte · 88, 116

C

Commodore · 88, 95
Content · 50, 53, 103, 107, 141, 166, 169, 174, 182, 199, 201, 204
Content-Produktion · 58
CTO-Modell · 62

D

Daten · 115
Datentyp · 116
Descartes, René · 30
Descartes, René · 132
Design Pattern · 130, 136
Detail-Einstellung · 104
Digitale Medien · 118
dritte industrielle Revolution · 79, 81, 82, 203

E

eHealth · 166
Eingabegeräte · 110
Einstellung der Kamera · 104
Elemente der Medienproduktion · 49
Enigma · 68, 85, 94
Entropie · 21, 79
Entwurfsmuster · 136
Essences · 52
Ethik · 18
evolutionäre Algorithmen · 132
experimentelle Stimulus · 143

F

Facebook · 82, 83, 92, 96
Fernsehproduktionssystem · 55
Feyerabend, Paul · 138
Film als Medienprodukt · 102
Filmanalyse · 148
formative Evaluation · 136
Führungslicht · 105
Füll-Licht · 105
Fuzzy Logik · 132

G

Gaia-Hypothese · 80
Gegenlicht · 105
Geschäftsmodellierung · 135
Gestaltung · 17
Gleichschaltung · 77
Gödel, Kurt · 85
Google · 82, 83, 92, 96, 112, 115, 123
Grafik · 119
Gutenberg · 75, 94

H

Halbnahe · 104
Halbtotale · 104
Hardware · 55, 96, 102, 108, 111, 121
Hauptlicht · 105
Heuristiken · 132
Hintergrundlicht · 105
Hume, David · 30
hybride Medien · 78

I

IBM · 87, 95
Industrie-Standard · 89
Informatik · 15
Information · 20
Integrierte Schaltkreise · 88
Intel · 88
Interdisziplinarität · 14
Internet der Dinge · 81, 203
Interviews, Formen · 145
ISDN · 91
Isomorphie · 37
Iteration · 114

J

Jobs, Steven · 88
Journalismus · 15
Journalistik · 15

K

Kamera-Licht · 105
Kanal · 20
Kant, Immanuel · 30
Kauffman, Stuart · 26
Kognition · 30
Kommunikation · 20
Kommunikationswissenschaft · 16
Komponenten eines Multimediasystems · 120
Komprimierungsverfahren · 91
Kontextanalyse · 40
Kontextsuche · 40
Kontrollstrukturen der Algorithmen · 114
Konvergenz · 55, 56
Kubrick, Stanley · 46, 74, 104, 106
Kuhn, Thomas · 138
Kuleschow-Effekt · 106
Kunst · 17

L

Lanier, Jaron · 95
Leibnitz, Gottfried Wilhelm · 84
Lettern · 75
Lewin, Kurt · 31
Lock-in-Phänomen · 95
Lovelace, Ada · 84
Lügenpresse · 77

M

Majuskeln · 75
Markkula, Mike · 88
Massenmedien · 77
McLuhan, Marshall · 77, 205
mediale Gesundheitsangebote · 166
Medienprodukt · 19, 51, 101
Medienproduktforschung · 160
Medienproduktion · 13
Medienproduktionsprozesse · 37
Medienrecht · 16
Medientechnik · 15
Medienwissenschaft · 16
Medium · 19
Microsoft · 89, 95
MIDI · 95, 119
Minuskeln · 75
Modell · 37
Modellbildungsprozess · 130
Moderne · 76
Montage · 106
MP3 · 91
Multimediale Kommunikation · 17

N

Nachricht · 20
Nahaufnahme · 104
Neumann, John von · 86, 87, 108
Neuro-Computer · 110
Null-Grenzkosten-Phänomen · 81

O

Obsoleszenz · 96
Onlineforschung · 154
Organisation · 49, 57, 60

P

Packaging · 46, 47
Parallel-Computer · 111
Pascal · 84
PayPal · 78, 92
Personas · 135
Phoebuskartell · 96
Pixelbild · 119
Playout · 45
Plot · 103
Popper, Karl · 31
Positivismusstreit · 138
Postmoderne · 77, 79, 205
Propaganda · 77
Prototyp · 130
Prototyping · 130

Q

Qualitative Befragung · 145
Qualitative Beobachtung · 150
Qualitative Forschung · 139
Qualitative Inhaltsanalyse · 148
Qualitatives Experiment · 151
Quantitative Befragung · 141
Quantitative Beobachtung · 142
Quantitative Forschung · 138
Quantitative Inhaltsanalyse · 141
Quantitatives Experiment · 143
QWERTZ-Phänomen · 110

R

Rapid Prototyping · 130
Rasberry Pie · 92
Rechenwerk · 86, 108
Referenzmodell · 136
Rifkin · 79, 81, 82, 201, 203, 204

S

Sachsysteme · 24
Schriftzeichen · 74
sekundäre Innovation · 97
Selektion · 62, 114
Sequenz · 114
Shannon, Claude E. · 21
Signal · 20
SmartHome · 78

Snowden, Edward · 82
Software · 34, 55, 69, 70, 88, 96, 102, 111, 117, 121, 130
Soziotechnische Systeme · 30, 32
Speicher · 108
Speicherwerk · 108
Steuerwerk · 86, 108
Stichwortsuche · 40
Story · 41, 45, 103
Story-Boards · 135
Strukturfunktionalismus · 26
Styleguides · 135
summative Evaluation · 136
System · 26
Systemtheorie · 25

T

Tavistock Institute of Human Relations · 31
Technik · 22, 23, 50, 53, 57
Technikwissenschaften · 126, 127
Technologie · 23
Texasinstruments · 88
Text · 119
Theorie · 36, 157
Totale · 104
Transdisziplinarität · 14
Treatment · 143
Turing, Alan · 68, 85, 86, 93
Turingmaschine · 85, 112, 113
TV-Produktionsablauf · 44

U

UNIX · 90, 95
Usability · 133
Usabilty Guidelines · 136
Use Case · 135
User Experience · 133
Utility · 134

V

Varela, Franicsco · 26
Video · 119, 120
Vinca-Schrift · 74
Virilio · 77, 205

W

Web 1.0 · 83
Web 2.0 · 83
Wiener, Norbert · 26
Wikipedia · 102, 112
Windows · 90
Wissenschaft · 13
Workflows · 43, 60
World Wide Web (WWW) · 102
Wozniak, Steven · 88
WWW · 49, 91
WYSIWIG · 90

X

Xerox · 90, 95

Z

Zeitlupe · 103

Zeitraffer · 103
Zentraleinheit · 108, 110
Zuse, Konrad · 86

8 Literatur

Acatech (Deutsche Akademie für Technikwissenschaften) (Hrsg.) (2013). Technikwissenschaften. Erkennen, Gestalten, Verantworten. (acatech Impuls). Springer Verlag, Heidelberg.

Adorno, T. W. et al. (1972). Der Positivismusstreit in der deutschen Soziologie. Luchterhand Neuwied, Berlin (West).

Alexander, Ch. (1977). A Pattern Language. Towns, Buildings, Construction, mit Sara Ishikawa, Murray Silverstein, Max Jacobson, Ingrid F. King und Shlomo Angel, Oxford University Press, New York.

Bahnsen, U. & Willmann, U. (2001). Wie Gene die Lippen spitzen. In: Die Zeit, 21/2001.

Bar, T. (1991). Netze im Aufwind. Künstliche neuronale Netze – Stand der Forschung und praktischer Einsatz. In: c´t-Magazin für Computertechnik, Heft 4/ 1991, S. 78ff.

Beckmann, J. (1806). Entwurf der allgemeinen Technologie. Göttingen.

Bense, M. (1949). Technische Existenz. Essays. Deutsche Verlags-Anstalt, Stuttgart.

Bergmann, M. & Schramm, E. (Hrsg.) (2008). Transdisziplinäre Forschung. Integrative Forschungsprozesse verstehen und bewerten. Frankfurt a. M., New York: Campus Verlag.

Berelson, B. (1952). Content Analysis in Communication Research. The Free Press, Glencoe.

Bertalanffy, L. von (1968). General System Theory. Foundations, Development, Applications. Revised Edition. George Braziller, New York.

Blothner, D. (1999). Erlebniswelt Kino: über die unbewußte Wirkung des Films. Bastei-Lübbe, Köln.

Boetzkes, C.-E. (2007). Organisation als Nachrichtenfaktor. Wie das Organisatorische den Content von Fernsehnachrichten beeinflusst. VS Verlag für Sozialwissenschaften, Wiesbaden.

Bogner, A. et al. (2014). Interviews mit Experten. Eine Praxisorientierte Einführung. Springer VS, Wiesbaden.

Bossel, H. (2004). Systeme, Dynamik, Simulation. Modellbildung, Analyse und Simulation komplexer Systeme. Books on Demand GmbH, Norderstedt

Bruns, K. & Klimsa, P. (Hrsg.) (2001). Informatik für Ingenieure kompakt. Vieweg Verlag, Braunschweig/Wiesbaden.

Chua, C. K. et al. (2010). Rapid Prototyping. Principles and Applications. World Scientific Publishing. Singapur/London.

Corcoran, E. (1991). Das Billionending. In: Spektrum der Wissenschaft, Sonderheft 11, Heidelberg, S. 6ff.

Dannoritzer, C. (2010). „Kaufen für die Müllhalde". TV-Dolumentation, Arte.

Descartes, R. (2013). Abhandlung über die Methode, richtig zu denken und Wahrheit in den Wissenschaften zu suchen. Holzinger, Berlin.

Dreyfus, H. L. & Dreyfus, S. E (1988). Künstliche Intelligenz. Von den Grenzen der Denkmaschine und dem Wert der Intuition. Reinbek bei Hamburg.

Dyson, G. (2014). Turings Kathedrale. Die Ursprünge des digitalen Zeitalters. Propyläen Verlag, Berlin. Originalausgabe 2012 bei Pantheon New York.

Fechner, F. (2008). Medienrecht: Lehrbuch des gesamten Medienrechts unter besonderer Berücksichtigung von Presse, Rundfunk und Multimedia. UTB, Stuttgart; 9. überarbeitete und ergänzte Auflage.

Feyerabend, P. (1975). Against Method. Humanities Press, London.

Feyerabend, P. (1992). Anarchische Erkenntnistheorie. In: Seifert, H., Radnitzky, G. (1992). Handlexikon zur Wissenschaftstheorie. Deutscher Taschenbuch Verlag, München, S. 58-60.

Flick, U. (2014). Qualitative Sozialforschung. Eine Einführung. 6. Auflage. Rowohlt, Reinbek bei Hamburg.

Friedrichs. J. (1973). Methoden empirischer Sozialforschung. Rowohlt, Reinbeck.

Früh, W. & Schönbach, K. (1991). Der dynamisch-transaktionale Ansatz II. In: Früh, Werner (Hrsg.): Medienwirkungen. Das dynamisch-transaktionale Modell. Theorie und empirische Forschung. Westdeutscher Verlag, Opladen. S. 41-84.

Girtler, R. (2001). Methoden der Feldforschung. Böhlau, Wien.

Gnambs T. & Batinic, B., Qualitative Online-Forschung, In: Naderer, G., Balzer, E. (Hrsg.) (2011). Qualitative Marktforschung in Theorie und Praxis. Grundlagen – Methoden – Anwendungen. Gabler Verlag, Wiesbaden, S. 385-404.

Goban-Klas, T. (1999). Media i komunikowanie masowe, Teorie i analizy prasy, radia, telewizji i internetu. Wydawnictwo Naukowe PWN. Warszawa-Kraków.

Gómez, Á. G. (2016). Análisis de la imagen digital y multimedia en la primera página de la prensa online. Estudio comparativo entre españa y alemania. Dissertationsschrift, Universidad de Málaga.

Graf, L. et al. (1984). Keine Angst vor dem Mikrocomputer. VDI Verlag, Düsseldorf.

Haarmann, H. (2010). Weltgeschichte der Sprachen: Von der Frühzeit des Menschen bis zur Gegenwart. 2. durchgesehene Auflage. C. H. Beck, München.

Heuser, U. J. (2014). Die Wirtschaft trägt sich von selbst. Interview mit Jeremy Rifkin. In.: Die Zeit, Nr. 50, 4. Dezember 2014, S. 23f.

Hoffmann-Riem, Ch. (1980). Die Sozialforschung einer interpretativen Soziologie: der Datengewinn. Kölner Zeitschrift für Soziologie und Sozialpsychologie Jg. 32 (1980), Heft 2, S. 339-372.

Kleining, G. (1986). Umriß zu einer Methodolgie qualitativerv Sozialforschung. Kölner Zeitschrift für Soziologie und Sozialpsychologie, Jahrgang 38, Heft 4, S. 724-750.

Klimsa, P. (2006). Produktionssteuerung – Grundlagen der Medienproduktion. In: Scholz, Ch. (Hrsg.). Handbuch Medienmanagement. Springer Verlag, Heidelberg, S. 601-618.

Klimsa (2009). Einfluss der Faktoren Technik und Organisation auf Filmcontent. In: Hülsmann, M./Grapp, J. (Hrsg.) (2009). Strategisches Management für Film- und Fernsehproduktionen: Herausforderungen, Optionen, Kompetenzen. Oldenbourg Wissenschaftsverlag, München, S. 553-568.

Klimsa, P. (2013). Die Elemente Content, Technik und Organisation in der Kommunikationswissenschaft. In: Zeszyty Prasoznawcze. Zeszyt 1/213. Kwartalnik Osrodka Badan Prasoznawczych, Uniwersytet Jagiellonski, Wydawnictwo Uniwersytetu Jagiellonskiego. Kraków, S. 72-81.

Klimsa, P. & Krömker, H. (2011). Medienproduktion: Eine neue wissenschaftliche Perspektive. In: Medienproduktion. Online Zeitschrift für Wissenschaft und Praxis. http://www.zeitschrift-medienproduktion.de

Kloth, Ch. (2010). Systemgestaltung im Broadcast Engineering. Prozessorientierte Konzeption integrierter Fernsehproduktionssysteme. Schriften zur Medienproduktion. Vieweg Teubner, Wiesbaden.

Klosa, O. (2016). Online-Sehen – Qualität und Akzeptanz von Web-TV. Eine Studie zu den Potenzialen des Web-TV aus der Sicht der Anbieter, Nutzer und Angebote im Rahmen eines triangulatorischen Methodenansatzes. Disssertationsschrift, Technische Universität Ilmenau.

Kosiol, E. (1961). Modellanalyse als Grundlage unternehmerischer Entscheidungen. In: ZfbF 13 1961, S. 318-334.

Krömker, H. & Klimsa, P. (2005). Handbuch Medienproduktion. Produktion von Film, Fernsehen, Hörfunk, Print, Internet, Mobilfunk und Musik. VS Verlag für Sozialwissenschaften, Wiesbaden.

Kuchenbuch, Th. (2005). Filmanalyse. Theorien, Methoden, Kritik. Böhlau, Wien, Köln, Weimar.

Kuhn, T. (1967). Die Struktur wissenschaftlicher Revolutionen. Shurkamp, Frankfurt am Main.

Lamnek, S. (2010). Qualitative Sozialforschung. Lehrbuch, 5. Auflage. Beltz, Weinheim, Basel.

Lanier, J. (2012). Gadget. Warum die Zukunft uns noch braucht. Shurkamp Verlag, Berlin. Originalausgabe 2010.

Lasswell, H. D. (1948). The Structure and Function of Communication in Society. In: Bryson, L. (Hrsg.) The Communication of Ideas. A Series of Addresses. New York, S. 32-51.

Liebrich, F. (2017). Der Einfluss digitaler Medienprodukte auf die Arzt-Patienten-Kommunikation. Springer Vieweg, Wiesbaden.

Liou, F. W. (2007). Rapid Prototyping and Engineering Applications. A Toolbox for Prototype Development. CRC Press, Boca Raton.

Mayring, Ph. (2010). Qualitative Inhaltsanalyse. Grundlagen und Techniken. 11. Auflage. Beltz, Weinheim, Basel.

Monaco, J. (2008). Film verstehen: Kunst, Technik, Sprache, Geschichte und Theorie des Films und der neuen Medien. Rowohlt, Reinbek bei Hamburg.

Müller, Ch. (2012). Methoden zur Risikobetrachtung für das Eintreten und die mögliche Auswirkungen von Havarien in komplexen Systemen. Technische Universität Ilmenau.

Müller, R. (1997). Innovation gewinnt. Verlag Orell Füssli, Zürich.

Neumann, J. von (1955). Entwicklung und Ausnutzung neuerer mathematischer Maschinen. In: Arbeitsgemeinschaft für Forschung des Landes Nordrhein-Westfalen. 45. Sitzung am 15. September 1954 in Düsseldorf. 1955, Opladen Köln.

Ortega y Gasset, J. (1949). Betrachtungen über die Technik. Stuttgart. Original: (1939). Meditación de la técnica. Buenos Aires.

Overmann, U. et al. (1983). Die Methodologie einer "objektiven Hermeneutik". In: Zedler, P./Moser, H. (1983) Aspekte qualitativer Sozialforschung. Studien zu Aktionsforschung, empirischer Hermeneutik und reflexiver Sozialtechnologie. Leske und Budrich, Opladen, S. 95-123.

Pietruszka, W. D. (2014). MatLab und Simulink in der Ingenieurpraxis. Modellbildung, Berechnung und Simulation. Springer Vieweg, Wiesbaden.

Popper, K. R. (1980). Die offene Gesellschaft und ihre Feinde. Band 1, 6. Auflage. Francke Verlag, München.

Popper, K. R. (2005). Logik der Forschung. 11. Auflage, Mohr Siebeck, Tübingen.

Rechenberg, P. (1994). Was ist Informatik. Hanser Verlag, München.

Richter, M. & Flückiger, M. (2013). Usability Engineering kompakt. Springer-Vieweg Verlag, Heidelberg.

Rifkin, J. (2011). Die dritte industrielle Revolution. Die Zukunft der Wirtschaft nach dem Atomzeitalter. Fischer Verlag, Frankfurt/M. Ursprünglich 2011 im Campus Verlag erschienen.

Rifkin, J. (2014). Null-Grenzkosten-Gesellschaft: Das Internet der Dinge, kollaboratives Gemeingut und der Rückzug des Kapitalismus. Campus Verlag, Frankfurt/M. und New York.

Rifkin, J. (2014). „Die Wirtschaft trägt sich von selbst." Die Zeit, Nr. 50/2014.

Ritter, H.; Martinetz, T. & Schulten, K. (1991). Neuronale Netze. Eine Einführung in die Neuroinformatik selbstorganisierender Netzwerke. Bonn, München.

Rogers, E. M. (1983). Diffusion of innovations. Third Edition. The Free Press. New York, Collier Macmillan Publishers, London.

Ropohl, G. (2009). Allgemeine Technologie. Eine Systemtheorie der Technik. 3. Auflage. Universitätsverlag, Karlsruhe.

Schmidt, S. J. & Zurstiege, G. (2000). Orientierung Kommunikationswissenschaft. Was sie kann, was sie will. Rowohlts Enzyklopädie, Reinbek bei Hamburg.

Scholz, Ch. (Hrsg.) (2006). Handbuch Medienmanagement. Springer Verlag, Berlin, Heidelberg, New York.

Schröter, R. (1997). Allgemeine Messtechnik. In: Arbeitskreis der Dozenten für die Regelungstechnik (Hrsg). Messtechnik in der Versorgungstechnik. Springer, Heidelberg, S. 3 -32.

Schulze, H. H. (1989). Computer Enzyklopädie. Reinbek bei Hamburg, Band 2, S. 936.

Schumpeter, J. A. (2008). Konjukturzyklen. Eine Theoretische, historische und statistische Anylse des kapitalistischen Prozesses. Vandenhoeck & Ruprecht, Göttingen (Die Originalausgabe „Business Cycles"erschienen 1939 bei McGrow-Hill Book Company, New York, London).

Shannon, C. E./Weaver, C. E. (1964). The Mathematical Theory of Communication. (Erstausgabe 1949), University of Illinois Press, Urbana and Chicago.

Sjurts, I. (2004). Organisation der Contentproduktion: Strategische Alternativen aus ökonomischer Sicht. In: Sydow, J. und Windeler, A. (Hrsg.) Organisation der Content-Produktion. VS Verlag für Sozialwissenschaften, Wiesbaden, S. 18-36.

Stedman, H. H. et al. (2004). Myosin gene mutation correlates with anatomical changes in the human lineage. In: Nature, Band 428, 2004, S. 415-18.

Sydow, J. & Windeler, A. (Hrsg.) (2004). Organisation der Content-Produktion. VS Verlag für Sozialwissenschaften, Wiesbaden.

Trist, E. & Bamforth, K. (1951). Some social and psychological consequences of the long wall method of coal getting. Human Relations, 4, pp. 3-38.

Turing, A. (1936). On Computable Numbers, with an Application to the Entscheidungsproblem. In: Alan Turing (1987). Intelligence Service. Schriften. Brinkmann & Bose, Berlin, S. 17ff.

Varela, F. (1990). Kognitionswissenschaft – Kognitionstechnik. Eine Skizze aktueller Perspektiven. Suhrkamp Verlag, Berlin.

VDI-Richtlinie Technikbewertung 3780.

Yeh, S. (2013). Anything goes? Postmoderne Medientheorien im Vergleich: Die großen (Medien-)Erzählungen von McLuhan, Baudrillard, Virilio, Kittler und Flusser. Transkript Verlag, Bielefeld.

Welker, M. et al. (2014). Handbuch Online-Forschung. Sozialwissenschaftliche Datengewinnung und -auswertung in digitalen Netzen. Neue Schriften zur Onlineforschung 12, Halem Verlag, Köln.

Wember, B. (1975). Wie informiert das Fernsehen? Ein Indizienbeweis, Filmdokumentation. München.

Wiener, N. (1948). Cybernetics or Control and Communication in the Animal and the Machine. Hermann Editions, Paris.

Wippermann, S. (2008). Didactic Design Patern „Highlites". PDF-Beitrag unter http://ceur-ws.org/Vol-610/paper18.pdf (Abruf 06.03.2017)

Zimbardo, P. (2005). Das Stanford Gefängnis Experiment. Eine Simulationsstudie über die Sozialpsychologie der Haft. 3. Auflage. Santiago Verlag, Goch.